季節の行事　ふだんの保育

いつでも使えるネタがいっぱい！

年中行事のペープサートシアター

いっしょに　あそぼっ♪

はじめに

1年の中でたくさんある年中行事。そのいわれや由来を子どもたちに伝えたい！　といった声におこたえして、ペープサートやちょっとしたしかけを使った、あっと驚く楽しいペープサートシアターを紹介しています。

保育者として知っておきたい・子どもたちに知らせたい年中行事や、ふだんの生活のお約束などをまとめた1冊です。いつでもあなたのそばに置いて、ご活用ください。

永井裕美

ひかりのくに

本書の特長

わたし、クマ先生とかわいい仲間たちが 楽しく年中行事を紹介します！

第1章 ちょこっと！ 10作品

季節の歌＋しかけで おもしろペープサートシアター

『こいのぼり』『はをみがきましょう』『どんぐりころころ』『ジングル・ベル』『たこの歌』『まめまき』『うれしいひなまつり』など、定番の歌をうたいながら、驚きのしかけも付いたちょこっとおもしろペープサートシアターで行事の楽しさを伝えます！

第2章 じっくり！ 22作品

楽しく年中行事を紹介!!

入園・進級、こどもの日、七夕、プール遊び、十五夜、クリスマス、お正月、節分、ひな祭りなど1年の年中行事が楽しくわかりやすく伝わる、じっくりペープサートシアターがたっぷりです！

第3章 お約束！ 7作品

生活習慣も食育も！

あいさつ、身体計測、健康診断、避難訓練、食育、手洗い、うがいなど、生活習慣に関することもペープサートシアターで楽しく伝えられます！

おなじみの歌とおもしろしかけで！
0・1・2歳児にも！

第1章 ちょこっと おもしろ ペープサートシアター

季節に合わせた行事を、歌いながら楽しく演じられるペープサートシアター。0・1・2歳児も楽しめます。

子どもに楽しく伝わっちゃう!!

第2章 年中行事のお話 じっくりペープサートシアター

いわれや由来などを盛り込んだ年中行事のペープサートシアターを紹介。子どもたちにもわかりやすい内容になっています。

第3章 お約束・生活習慣・避難訓練・食育など 年中使いたいペープサートシアター

身につけたい毎日の生活習慣や、初めてだと不安な子どももいる健康診断や避難訓練、大切なお約束も楽しく伝えられます。

季節・行事の歌

第1章には、楽譜が付いています。歌ったり、リズムにのったりして、季節や行事の楽しさを味わいましょう！

導入の ことばがけ など

演じる前に子どもたちの気持ちをぐっとひきつける導入のヒントとして、ことばがけや登場のしかたなどを紹介しています。

用意するもの

使用する絵人形などを整理しています。型紙ページも紹介しています。

ちょこっと知識

お話の中では紹介しきれなかった、行事にまつわるいわれや由来を紹介しています。演じた後に子どもたちに伝えることでより理解が深まります。

アレンジ

紹介しているお話に変化をつけたり、続きにひと味違った工夫を加えたり、バリエーションとして使えるアイディアやアドバイスを紹介しています。

もくじ

はじめに……………………1
本書の特長…………………2
絵人形の基本の作り方と演じ方…………6

おなじみの歌とおもしろしかけで！　0・1・2歳児にも！

第1章 ちょこっと おもしろペープサートシアター

1 新学期 お返事ハイ！……………………………………8

新しいクラスになって、新しい友達が加わる新学期にぴったりのペープサート！
歌「どこでしょう」

2 こどもの日 ニョキニョキこいのぼり……………9

屋根の後ろからニョキニョキ！ あれ！？ こいのぼりが出てきたよ！
歌「こいのぼり」

3 虫歯予防デー 歯みがきシュッシュッシュッ…10

甘いものが大好きなワニさん。食べ終わったらすること、何か忘れているよ。
歌「はをみがきましょう」

4 夏の遊び 水遊びをしよう………………………11

暑い日は、水遊びが気持ちいいね！ 水でっぽうで存分に楽しもう！
歌「水遊び」

5 七夕 お星さまキラキラ…………………………12

夜の空にはたくさんのお星さま。キラキラ光って、とってもきれいだよ。
歌「きらきらぼし」

6 秋 ドングリころがるよ…………………………13

秋は木の実がいっぱい。転がりじょうずなドングリさんに会えるかな？
歌「どんぐりころころ」

7 クリスマス クリスマスパーティー！！…………14

今日はクリスマスパーティー。特別に大きなケーキを用意したよ。どんなケーキかな？
歌「ジングル・ベル」

8 お正月 たこをあげよう！………………………15

スズランテープのヒラヒラする動きが楽しいやっこだこの絵人形。ネズミくんがたこあげをするよ。
歌「たこの歌」

9 節分 豆まき、えいっ！…………………………16

ウサギちゃんの中にいる、好き嫌い鬼が出てきたよ。でも、だいじょうぶ。豆まきで追い払おう！
歌「まめまき」

10 ひな祭り おひなさまに変身！…………………17

ネズミちゃんとネズミくんがおひなさまとおだいりさまに変身！ ちょこんと座って、すまし顔！
歌「うれしいひなまつり」

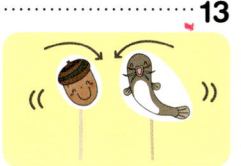

子どもに楽しく伝わっちゃう!!

第2章 年中行事のお話 じっくり ペープサートシアター

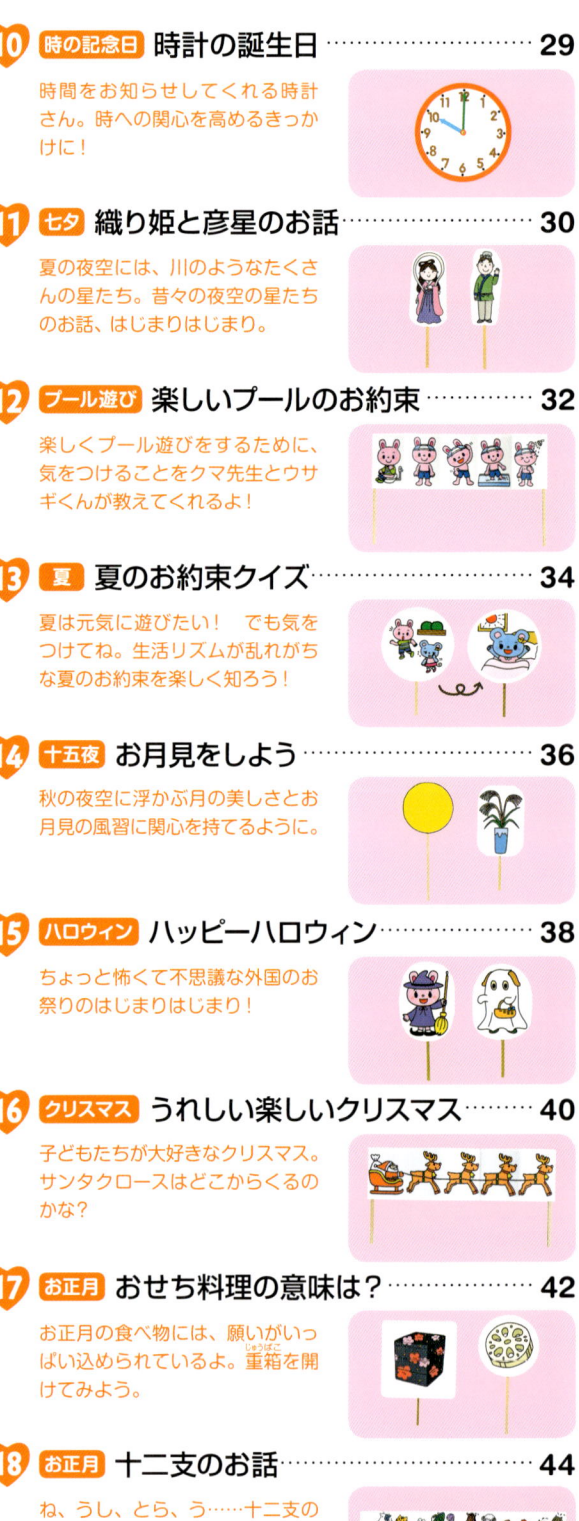

19 節分 「鬼は外、福は内」ってなあに？……46
節分の日には、豆まきをして、鬼を追い払い、福の神を迎えよう！

20 節分 豆まきの豆のひみつ……48
小さいけれど不思議なパワーがたくさん詰まった豆。投げても食べてもすごい！

21 ひな祭り ひな祭りってなぁに？……50
女の子の成長を祝うひな祭り。どんな意味が込められているかな？

22 ひな祭り ひしもちの色のひみつ……52
きれいな色のひしもちやひなあられ。それぞれの色にも願いが込められているよ。

第3章 お約束・生活習慣・避難訓練・食育など 年中使いたいペープサートシアター

1 あいさつ 「かして」「ありがとう」……54
「かして」「ありがとう」は魔法の言葉。勇気を出して言ってみると、ほら、楽しく遊べるよ。

2 はじめての身体計測 身長、体重、元気な体！…56
初めての身体計測はちょっと怖いな…。でも、だいじょうぶ！ イヌくんがやり方を楽しく教えるよ！

3 はじめての健康診断 目、耳、鼻、健康な体！…57
目をじっと見るよ、耳をこちょこちょこするよ。みんなの健康を守る、お医者さんに診てもらおうね。

4 避難訓練の基本 「お・は・し」のお約束……58
火事、地震のときの大切なお約束「お・は・し」。みんなは守れるかな？

5 食べ物のお話（食育）
バランスよく食べよう！ 3つの色のお皿大変身！…60
赤、黄、緑のお皿の食べ物をバランスよく食べると元気いっぱい、健康な体になるよ！

6 生活習慣 手洗い……62
バイ菌が見える、クマ先生の魔法の虫めがね。外から帰ってきたネズミくんの手をのぞいてみると…。

7 生活習慣 ブクブクうがいとガラガラうがい…64
「ブクブク、ペッ」と「ガラガラ、ペッ」うがいは2種類あるよ。ウサギちゃんとイヌくんが教えてくれるよ。

コピーして使える！ 便利な型紙

● 第1章～第3章共通 メインキャラクター……65
（クマ先生、ネズミくん、ネズミちゃん、ウサギくん、ウサギちゃん、イヌくん、イヌちゃん）

● その他の型紙……65～79

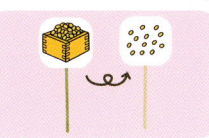

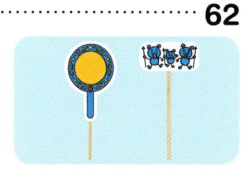

絵人形の基本の作り方と演じ方

絵人形は画用紙に絵を描いて、竹ぐし（割りばし）を付けるだけでかんたんに作れます。
さあ、早速始めてみましょう。

絵人形の基本の作り方

子どもが持って遊んだ場合でも、安全であるように、気をつけておきましょう（必ず保育者もいっしょに遊んでください）。

※巻き込み式ペープサートや楽しいしかけのあるものの作り方は、型紙ページ（P.65～79）で紹介しています。

用意するもの
・画用紙（または普通紙）　・フェルトペン、クレヨン、絵の具など
・のり　・ハサミ　・竹ぐし（または割りばし）

1

型紙を画用紙または普通紙に拡大コピーします。普通紙の場合はコピーしたものを画用紙にはり付けます。フェルトペンやクレヨン、絵の具などで色を塗ります。

2

色が塗れたら、外側の線に沿って切ります。

3

竹ぐし（または割りばし）の先端を図のように削り、絵人形の表と裏で挟んで、のりではり合わせます。基本の絵人形はくし（または割りばし）を9㎝（かんたん舞台の高さ）出しておきましょう。

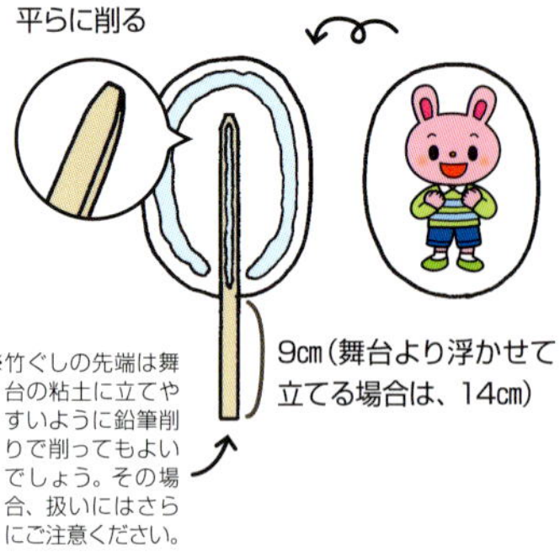

平らに削る
9㎝（舞台より浮かせて立てる場合は、14㎝）
※竹ぐしの先端は舞台の粘土に立てやすいように鉛筆削りで削ってもよいでしょう。その場合、扱いにはさらにご注意ください。

4

電話帳などの間に挟んで、1日おもしをします。

電話帳
できあがり！

かんたん舞台の作り方

ひとりで演じるときに、大活躍してくれる、かんたん舞台。ひとつ作っておけば、とても便利！　基本の作り方もはり付ける画用紙の形や牛乳パックの数などでいろんな場面に対応できます！

用意するもの
・牛乳パック（1000ml）3本　・八つ切り色画用紙1枚　・クラフトテープ
・ハサミ　・油粘土　・ホッチキス　・両面テープ

1

牛乳パック3本を、それぞれ図のように切ります。

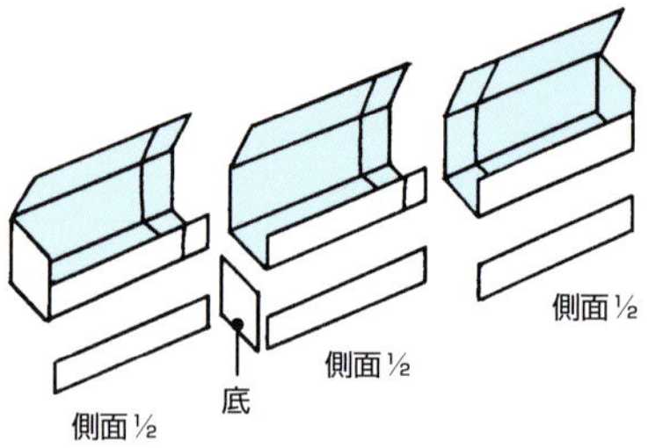

側面½
底
側面½
側面½

2

注ぎ口の部分を重ね、Ⓐを折り込み、ホッチキスで留めてつなげます。

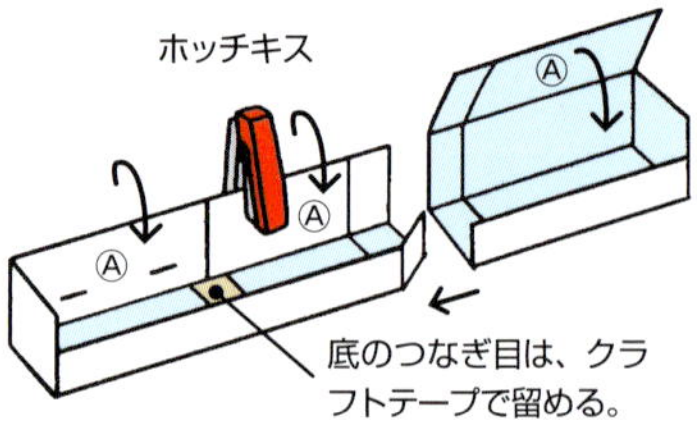

ホッチキス
Ⓐ
Ⓐ
Ⓐ
底のつなぎ目は、クラフトテープで留める。

3

八つ切り色画用紙を横長に二つに切り、先に折り目をつけてから、両面テープではり付けます（反対側も同様に）。

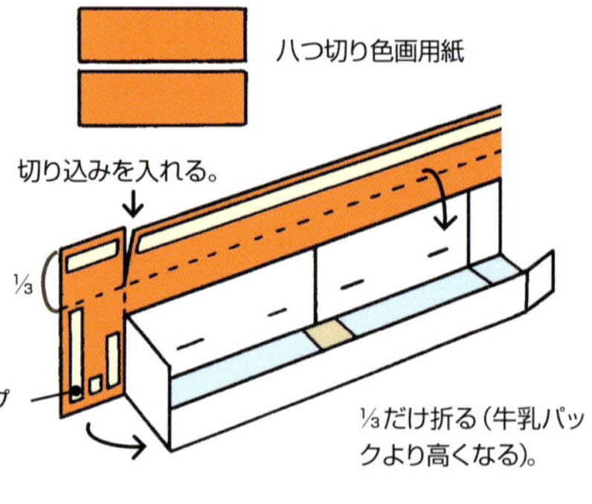

八つ切り色画用紙
切り込みを入れる。
⅓
両面テープ
⅓だけ折る（牛乳パックより高くなる）。

4

絵人形が立てられるように、丸めた油粘土を置きます。

できあがり！
油粘土

基本の持ち方・演じ方

かんたんに遊べるペープサートシアター！　ちょっとした基本の持ち方と演じ方を押さえておけば、楽しみ方は無限大！　保育者も子どもといっしょに楽しみながら元気に演じましょう！

持ち方

親指とひと差し指・中指で持ち、操作します。表裏がある絵人形の場合、親指で持ち手を半回転させて裏面にします。逆に回転させると元の絵に戻ります。このすばやい回転が、ペープサートの特色です。

演じ方

二つの絵人形をそれぞれ両手に持ち、会話をしているように演じます。話しかけるほうだけを少し動かし、聞くほうは動かさないようにしましょう。両方を動かしてしまうと、子どもたちはどちらが話しているかわからなくなります。三つ以上の場合は、舞台を作って粘土に立てるなどしましょう。

ネズミくん！

とっておきの演じ方のコツ

演じ方のコツ1　喜怒哀楽は大げさに！

お話に合わせて、動きと共に保育者自身も表情を付けて、演じましょう。声の強弱や声色など、場面や登場人物に合わせて、変化を付けるとさらによいでしょう。

演じ方のコツ2　子どもの目線に合わせて！子どもの反応を見ながら！

絵人形は水平・垂直に持ち、子どもの目線の角度に合わせます。子どもの反応を見ながら進めましょう。時には、子どもにも投げかけて会話をしながらすると、good！

演じ方のコツ3　始まりと終わりはしっかり言う！

元気な声が聞けるかな？
みんなも元気にお返事してね！

各ページの「導入のことばがけなど」を参考に、出だしで子どもの気持ちをぐっとつかみ、演じた後は、「締めくくり」のひとことを添えるようにしましょう。

いろいろなしかけでさらに楽しさアップ！

ペープサートの絵人形だけではなく、かんたんに作れる小道具がいっぱいで、子どもたちの驚きや楽しさが倍増です！　このプラスアルファがあるからこそ、本書はあえて『ペープサートシアター』としました。

たこだ！ ビューン！

P.15

変身！！

P.17

みんなでかぶと！

P.25

サンタさんが飛んでる！

P.40

時計が読めるよ！

P.29

大きなお口をあけて…

P.26

※「ペープサート」とは、「Paper puppet theater」からきており、紙に人物などを描いて切り抜いたものに棒を付け、背景の前で動かして演じる人形劇のことです。

おなじみの歌とおもしろしかけで！　0・1・2歳児にも！

第1章 ちょこっと おもしろ ペープサートシアター

1年間の行事を、歌いながらかんたんに楽しく演じられるペープサートシアターです。0・1・2歳児も楽しめます。

1 新学期 お返事ハイ！

新しいクラスになって、新しい友達が加わる新学期にぴったりのペープサート！

導入のことばがけなど　「今日から新しい友達が増えますね。みんなで名前を呼んでみましょう。元気な声が聞けるかな？」と、ことばがけをして、始めましょう。

用意するもの

- メインキャラ（表）の型紙 P.65
- ネズミくん（裏）の型紙 P.65

クマ先生
（裏はなし）
ネズミくん
表
裏

1　クマ先生を出し、歌をうたいながら、クマ先生を揺らす。

新しい友達のお名前を呼んでみましょう。
♪ネズミくん ネズミくん どこでしょう♪

2　ネズミくんを出し、歌の続きをうたいながら、上下に動かす。

♪ここです ここです ここにいます♪

3　クマ先生を動かし、ネズミくんの名前を呼ぶ。ネズミくんを裏返し、返事をする。

ネズミくん！
ハーイ!!

4　クマ先生とネズミくんで子どもたちに呼びかける。

元気にお返事できたね！
みんなも名前を呼んだら元気にお返事してね！

アレンジ　ほかのキャラクターを使ったり、保育者や子どもたちの写真を絵人形にしたりしても楽しいです。

どこでしょう

作詞・作曲／不詳

○ ○ くん（ちゃん・さん） ○ ○ くん（ちゃん・さん） ど こ で しょ う
こ こ で す こ こ で す こ こ に い ま す

「新学期」の入園・進級のじっくりペープサートシアターは、第2章のP.18〜21で紹介しているよ。

2 こどもの日 ニョキニョキこいのぼり

屋根の後ろからニョキニョキ！　あれ!?
こいのぼりが出てきたよ！

導入のことばがけなど こいのぼりの登場が楽しくなるように、出だしから元気いっぱいに明るく演じましょう。

用意するもの

ウサギくん（裏はなし）
こいのぼり（裏はなし）
家（裏はなし）
かんたん舞台

➔ メインキャラ（表）の型紙 P.65（ほかのキャラクターで演じてもOK）

➔ その他の型紙 P.65～66

1 家を舞台に差しておき、ウサギくんを出す。

もうすぐこどもの日だね！天気がいいから歌をうたっちゃおう！

2 ウサギくんを揺らしながら、歌をうたう。

♪やねよ～り～た～か～いこいの～ぼ～り…♪

3 家の後ろから、吹き流しを出し、驚く。

あれ？何か出てきたよ？
ニョキ

4 まごい（ひとつめのこいのぼり）を出したところで、みんなもいっしょに歌うように呼びかける。

みんなでいっしょにうたってみよう！
ニョキ
ニョキ

5 ウサギくんを揺らして、歌をうたいながら、ひごい（ふたつめのこいのぼり）を家の後ろから出していく。

♪やねよ～り～た～か～いこいの～ぼ～り…♪
ニョキ
ニョキ

6 歌いながら、すべてのこいのぼりを出し、両手を揺らす。ウサギくんのひとことで最後を締めくくる。

わあ！　元気に泳ぐこいのぼりだね！

アレンジ こいのぼりの竹ぐし（割りばし）を長くして、子どものこいのぼりを増やすとさらにおもしろくなります。
6の後に、園のこいのぼりを見に行ってもいいですね。

こいのぼり

作詞／近藤宮子　作曲／不詳

やねより たかい こいの ぼーり おおきい まごいは おとうさん
ちいさい ひごいは こども たーち おもしろ そうに およいでる

「こどもの日」のじっくりペープサートシアターは、第2章のP.22～25で紹介しているよ。

3 虫歯予防デー
歯みがきシュッシュッシュッ

甘いものが大好きなワニさん。
食べ終わったらすること、何か忘れているよ。

導入のことばがけなど 「チョコレートやケーキやあめ。甘いものはおいしいよね。あっ！ 甘いものが大好きなワニさんがやってきたよ」と言って、始めましょう。

用意するもの

➡ メインキャラ（表）の型紙 P.65
（ほかのキャラクターで演じてもOK）

➡ その他の型紙 P.66

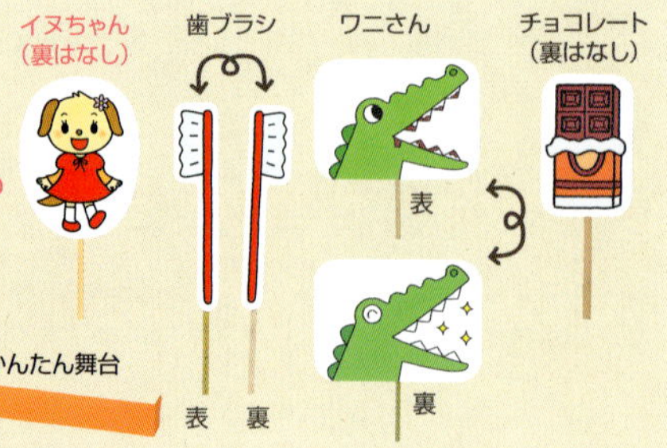
イヌちゃん
（裏はなし）
歯ブラシ
ワニさん
チョコレート
（裏はなし）
表
裏
表　裏
かんたん舞台

1 ワニさんを出し、チョコレートを食べる。

ぼくは
甘いものが
大好き！
パクパク

2 チョコレートを下げて、イヌちゃんを出す。

おいしかった！
ごちそうさま！
遊びに行って
きま～す！
ちょっと待って！
歯みがきしないと
虫歯に
なっちゃうよ!!

3 イヌちゃんを舞台に差し、歯ブラシを出して、歌に合わせて、ワニさんの歯をみがく。

♪はをみがきましょう
しゅっしゅっしゅっ…♪

4 歯ブラシを下げて、イヌちゃんに持ち替える。ワニさんを裏返し、ピカピカの歯を見せて、子どもたちにも呼びかける。

わぁ、ピカピカに
なったよ！
ありがとう！
これで虫歯に
ならないね！
みんなも
毎日みがいてね！

アレンジ ワニさんをカバさんにして、さらに大きなお口で歯みがきをしても楽しいですね。

はをみがきましょう

作詞・作曲／則武昭彦

1.はをみがきましょう しゅっ しゅっ しゅっ ぶらしのたいそう おいちに おいちに じょうぶなはになれ しゅっ しゅっ しゅっ
2.はをみがきましょう しゅっ しゅっ しゅっ ころころうがいも ほらね ほらね まっしろいはになれ しゅっ しゅっ しゅっ

「虫歯予防デー」のじっくりペープサートシアターは、第2章のP.26～28で紹介しているよ。

4 夏の遊び 水遊びをしよう

暑い日は、水遊びが気持ちいいね！
水でっぽうで存分に楽しもう！

導入のことばがけなど 手やうちわであおぎながら、「暑いね。汗がいっぱい出てくるね。ネズミちゃんはどうかな?」と、始めましょう。

用意するもの

→ メインキャラ（表）の型紙 P.65
（ほかのキャラクターで演じてもOK）
→ その他の型紙 P.66

ネズミちゃん（裏はなし）
水でっぽう
表
裏
バケツ（裏はなし）
かんたん舞台

1 ネズミちゃんを一方の手に持ち、暑いしぐさをする。

今日も暑いね〜。

2 バケツを舞台に差し、水でっぽうを出す。

そうだ！水でっぽうで遊ぼう！

3 歌をうたいながらネズミちゃんと水でっぽうを同時に動かし、バケツの水をくむしぐさをする。

♪みずをたくさんくんできて♪
♪みずでっぽうであそびましょ♪

4 「しゅっしゅっしゅっ」で水でっぽうを裏・表・裏・表・裏と返す。

♪一 二 三 四♪
♪しゅっしゅっしゅっ♪

アレンジ 子どもたちに向けて、水でっぽうを飛ばすしぐさをすると楽しいでしょう。水でっぽうの水をスズランテープにしてもいいですね。

水遊び

作詞／東 くめ　作曲／滝 廉太郎

み ずを た くさん くん で き て み ずでっ ぽう で
あ そ び ま しょう 一 二 三 四 しゅっ しゅっ しゅっ

「夏」のプール遊び、夏のお約束のじっくりペープサートシアターは、第2章のP.32〜35で紹介しているよ。

5 七夕 お星さまキラキラ

夜の空にはたくさんのお星さま。キラキラ光って、とってもきれいだよ。

導入のことばがけなど 「夜の空には何があるかな?　さあ、夜になりましたよ」と言って、紺色などの紙を背景にはると、夜の雰囲気が出て効果的です。

用意するもの

ウサギちゃん（裏はなし）

星

表：黄色画用紙　裏：金色折り紙

➔ メインキャラ（表）の型紙 P.65（ほかのキャラクターで演じてもOK）

➔ その他の型紙 P.66

1 ウサギちゃんを出し、お星さまの話をする。

夜の空にはキラキラ光るお星さまがいるんだよ。

2 星（表）を高い位置に出す。

ほら見て!
キラーン!

3 4小節を歌いながら、星を小さく揺らす。

♪きらきらひかるおそらのほしよ♪

4 次の4小節を歌いながら、星を裏に返したり表に返したりする。

♪まばたきしてはみんなをみてる♪

5 最後の4小節を歌いながら、星（裏）を大きく揺らす。

♪きらきらひかるおそらのほしよ♪

6 星を再び、表にしたり裏にしたりする。

とってもきれいだね!
キラキラキラ

みんなも夜になったら星を探してみてね。

アレンジ 星の大きさや色を変えたり、キラキラモールやオーロラ折り紙を使うなど素材を変えてみたりするのもいいでしょう。

きらきらぼし

訳詞／武鹿悦子　フランス民謡

1.2.きらきらひかる　おそらのほしよ
まばたきしては　みんなをみてる
みんなのうたが　とどくといいな
きらきらひかる　おそらのほしよ

「七夕」の織り姫と彦星のじっくりペープサートシアターは、第2章のP.30〜31で紹介しているよ。

6 秋 ドングリころがるよ

**秋は木の実がいっぱい。
転がりじょうずなドングリさんに会えるかな？**

用意するもの

➡ 型紙P.66
山と池の型紙・固定の仕方はP.67

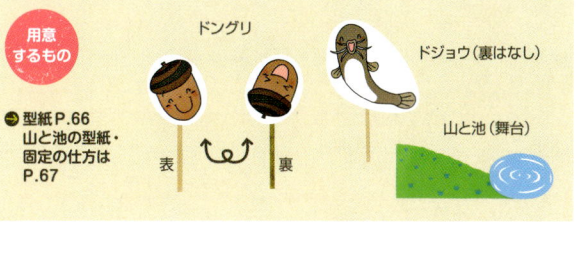

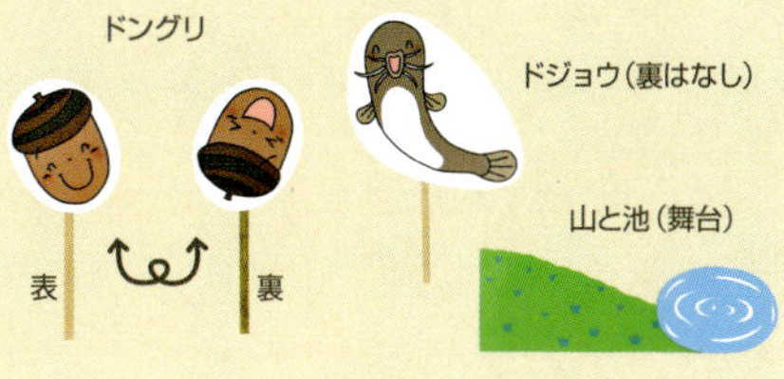
ドングリ
表
裏
ドジョウ（裏はなし）
山と池（舞台）

導入のことばがけなど
「公園を散歩していたらドングリを見つけたよ。どこに出かけるのかな？」と、ことばかけをして始めましょう。

1
山と池（舞台）を置いておき、ドングリ（表）を出す。

ドングリさんは
転がるのが
じょうずなんだよ！

2
歌をうたいながら、ドングリを表・裏交互に返し、坂を転がるように動かす。

♪どんぐり
ころころ
どんぶりこ♪

3
ドングリが池に落ち、驚いた表情をする。

♪おいけにはまって
さあ
たいへん♪
ポチャン！

4
歌の続きをうたい、池からドジョウを登場させ、ドングリもいっしょに池から出す。

♪どじょうが
でてきて♪

5
ドングリ（表）とドジョウを内側に傾け、あいさつをする。

♪こんにちは♪

6
ドングリ、ドジョウ、共に楽しく左右に揺らす。

♪ぼっちゃん
いっしょに
あそびましょう♪
よかったね！

アレンジ 池から出てくるものをサカナやキンギョにしたり、「何が出てくるかな？」と言ってクイズにしたりするのも楽しいですね。

どんぐりころころ

作詞／青木存義　作曲／梁田 貞

どん ぐ り こ ろ こ ろ どん ぶ り こ
お い け に は まっ て さあ た い へん
ど じょ う が で て き て こん に ち は
ぼっ ちゃん いっ しょ に あ そ び ましょう

「秋」の十五夜、ハロウィンのじっくりペープサートシアターは、第2章のP.36～39で紹介しているよ。

7 クリスマス
クリスマスパーティー!!

今日はクリスマスパーティー。特別に大きなケーキを用意したよ。どんなケーキかな?

導入のことばがけなど 「段々」大きくなるケーキに、驚きや楽しみが味わえるよう、「クリスマスはワクワクするね」などと、期待を持てることばがけをして始めましょう。

用意するもの

イヌくん
(裏はなし)
ネズミちゃん
(裏はなし)
ウサギちゃん
(裏はなし)
クリスマスケーキ
かんたん舞台

➡ メインキャラ(表)の型紙 P.65
(ほかのキャラクターで演じてもOK)

➡ クリスマスケーキの型紙・固定の仕方はP.67

1

♪ジングルベル
ジングルベル
すずがなる…♪

ネズミちゃんとウサギちゃんは舞台に差しておく。歌をうたいながらイヌくんを揺らす。

2

今日はクリスマス。
先生はケーキを
用意したよ!
やった〜!!

みんなに話しかける。

3

ジャ〜ン!
イチゴケーキ
です!
おいしそう!
ジャ〜ン

イヌくんをネズミちゃんとウサギちゃんの間に差し、ケーキを取り出し、机に置く。

4

まだあるよ。
ジャ〜ン!
ミカンケーキ!
わぁ、
すごい!!
ジャ〜ン!

ケーキを上にめくり上げ1段増やす。

5

さらにサクランボ
ケーキ!
ジャ〜ン!
ジャ〜ン!
わぁ〜!!

再びケーキをめくり上げ、1段増やす。

6

ジャジャ〜ン!
サンタさんと
トナカイも!
みんなでメリー
クリスマス!!
わぁ、
うれしいな!!

最後のケーキをめくり上げ、みんなで喜ぶ。

アレンジ 保育者が帽子をかぶったり、かんたん舞台をキラキラモールなどで飾ったりすると、よりクリスマスの雰囲気が出ます。1番上のサンタ&トナカイを、子どもたちの写真に変えると、誕生日会の出し物として使えます。

ジングル・ベル（曲の一部分を掲載）

訳詞/音羽たかし　作曲/ピアポント

ジングルベル ジングルベル すずがなる すずのリズムにひかりのわがまう
ジングルベル ジングルベル すずがなる もりにはやしにひびきながら

「クリスマス」のじっくりペープサートシアターは、第2章のP.40〜41で紹介しているよ。

8 お正月

たこをあげよう!

スズランテープのヒラヒラする動きが楽しいやっこだこの絵人形。ネズミくんがたこあげをするよ。

導入のことばがけなど 「お正月の遊びといえば、何かな?」と、子どもたちに問いかけて始めましょう。「コマ」、「カルタ」など次々に出て、ワクワク感が膨らみます。

用意するもの

- メインキャラ(表)の型紙 P.65
- ネズミくん(裏)の型紙P.65
たこの型紙・たこ糸の付け方はP.67

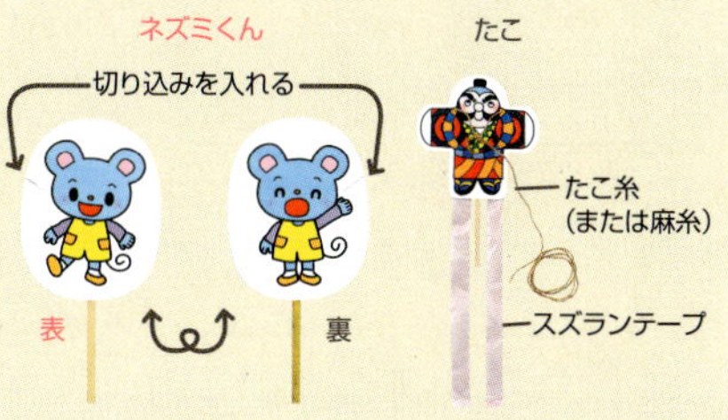
ネズミくん
たこ
切り込みを入れる
たこ糸
(または麻糸)
表
裏
スズランテープ

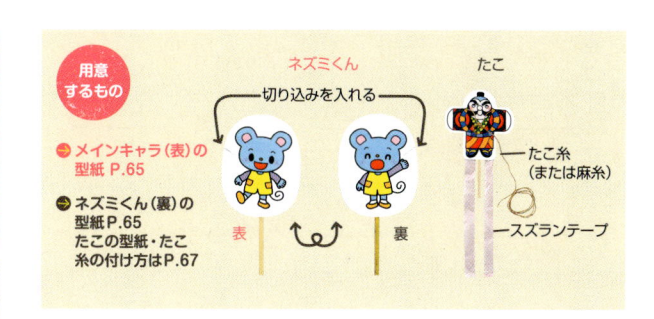

1 ネズミくんを出してから、たこを出す。

ネズミくん!
お正月の遊びで
何が好き?
ジャ〜ン!
たこあげ!

2 返事と共にネズミくんを裏返す。

じゃあ、
たこあげを
しましょう!
ハーイ!

3 糸をネズミくんの切り込みに引っかけ、走りながら、たこをあげ、歌をうたう。

♪た〜こ
た〜こ
あ〜がれ…♪

4 歌いながら左右に、行ったりきたりする。

ビュ〜ン!
すごいね!
楽しいね!

アレンジ 4で「強い風が吹くよ」「やさしい風だよ」など変化をつけて、早く動かしたり、くねくね動かしたりすると楽しいです。

たこの歌

文部省唱歌

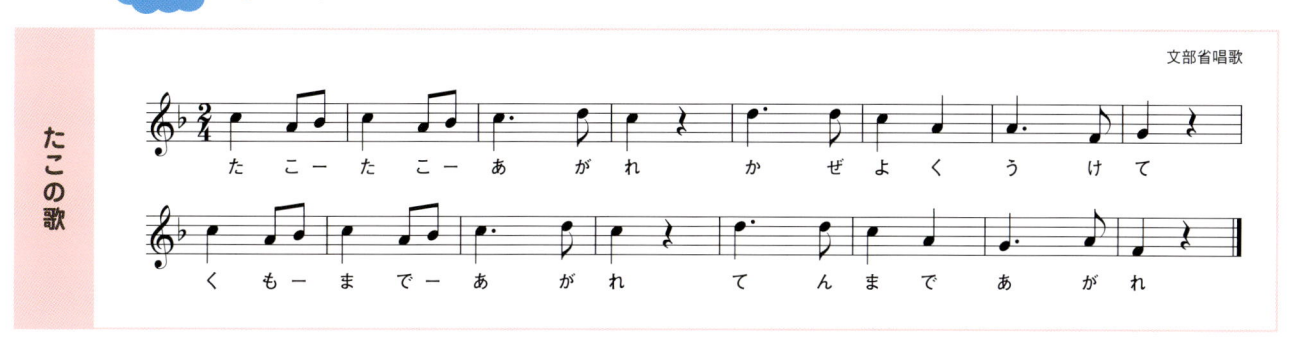

た こ ー た こ ー あ が れ か ぜ よ く う け て
く も ー ま で ー あ が れ て ん ま で あ が れ

「お正月」のじっくりペープサートシアターは、第2章のP.42〜45で紹介しているよ。

9 節分 豆まき、えいっ！

ウサギちゃんの中にいる、好き嫌い鬼が出てきたよ。でも、だいじょうぶ。豆まきで追い払おう！

導入のことばがけなど 声色を変えたり、手や体の動きを大きくしたり、足で床をドンドン鳴らしたりして、表情をつけて登場しましょう。

用意するもの

➡ メインキャラ（表）の型紙 P.65（ほかのキャラクターで演じてもOK）

➡ その他の型紙・お面の作り方は P.67

ウサギちゃん（裏はなし）
豆
表
裏
鬼のお面
表
裏
かんたん舞台

1 保育者が鬼のお面をかぶって登場する。

ガォー
ぼくは
みんなの中にいる
好き嫌い鬼だぞ！

2 ウサギちゃんと豆（表）を出す。

たいへん！
この豆で好き嫌い鬼を
追い出しましょ!!

3 豆を裏返し、歌をうたいながら、豆を投げるしぐさをし、鬼はよろめく。

うわ〜！
♪おにはそと〜
ふくはうち〜
ぱらっぱらっ
ぱらっぱらっ…
まめのおと…♪

4 豆を下げた後、鬼のお面を取り、逃げて行くように下げる。

好き嫌い鬼が
逃げて行ったね。
逃げろ〜!!

アレンジ 「今度は泣き虫鬼だぞ〜」「かぜ引き鬼だぞ〜」など、子どもたちに合わせて、ほかの鬼を登場させてもいいですね。

まめまき

えほん唱歌

1.2.おにはそと ふくはうち ぱらっ ぱらっ ぱらっ ぱらっ
まめのおと
おには こっそり にげてゆく
はやく おはいり ふくのかみ

「節分」のじっくりペープサートシアターは、第2章のP.46〜49で紹介しているよ。

10 ひな祭り おひなさまに変身！

ネズミちゃんとネズミくんがおひなさまとおだいりさまに変身！　ちょこんと座って、すまし顔！

導入のことばがけなど　「ひな祭りにはひな人形を飾ります。ひな人形はとてもきれいで、ネズミちゃんもうっとりしているよ」と言って始めましょう。

用意するもの

➡ メインキャラ（表）の型紙 P.65
➡ その他の型紙・ひな壇の固定の仕方は P.68

ネズミちゃん
ネズミくん
裏
表
裏
表
ひな壇

※裏面のネズミちゃん（おひなさま）とネズミくん（おだいりさま）をはるときは写真のように上下逆さにしてはってください。

1 ひな壇を机に置いておき、歌いながらネズミちゃんが登場する。

♪あかりを
つけましょ
ぼんぼりに…♪

2 歌い終わったらネズミくんが登場する。

ネズミちゃん
何を見ているの？
ひな人形よ。
今日は
ひな祭りなの！

3 ふたりで話をする。

きれいだね！
わたしたちも
おだいりさまと
おひなさまに
なりましょうよ！

4 ネズミくん、ネズミちゃんを裏返して、おだいりさまとおひなさまの位置に重ねる。

えいっ！
ネズミちゃんも
ネズミくんも
すてきだね！
わーい！
うれしいな！

※ひな人形の正式な並べ方は、各地方によって異なります。

アレンジ　ほかのキャラクターを登場させたり、ほかのひな人形に変身したりしても楽しいですね。

うれしいひなまつり

作詞／サトウハチロー　作曲／河村光陽

あ か り を　つ け ましょ　ぼ ん ぼ り　に　お は な を　あ げ ましょ　も も の は　な
ご　に ん　ば やーし の　ふ え た い　こ　きょ　う は　た の し い　ひ な ま つ　り

「ひな祭り」のじっくりペープサートシアターは、第2章のP.50～53で紹介しています。

第2章

子どもに楽しく伝わっちゃう!!

年中行事のお話 じっくりペープサートシアター

いわれや由来など、「子どもに伝えたい!」「いっしょに楽しみたい!」そんな年中行事のペープサートシアターを紹介。年中行事がたっぷり詰まって、充実度満点です!

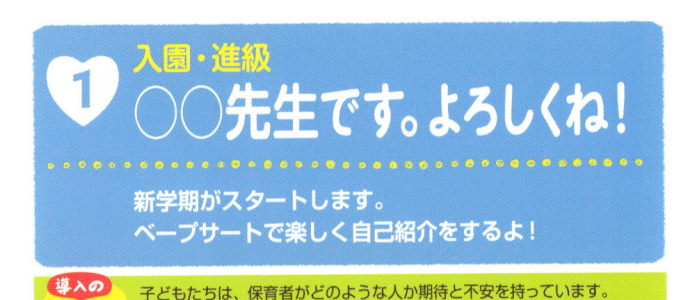

1 入園・進級 ○○先生です。よろしくね!

新学期がスタートします。
ペープサートで楽しく自己紹介をするよ!

導入のことばがけなど 子どもたちは、保育者がどのような人か期待と不安を持っています。さわやかな印象になるように話しましょう。

用意するもの

➡ メインキャラ(表)の型紙 P.65
➡ その他の型紙 P.68

クマ先生
表
裏
自己紹介絵人形
表:イチゴ　裏:お絵描き
かんたん舞台

1 クマ先生を出す。

○○組のみんな! おはようございます。わたしはクマ先生です。

2 クマ先生を裏返す。

クマ先生はチューリップが大好きなの。みんなよろしくね!

3 クマ先生を舞台に立て、名前を言って自己紹介をし、イチゴ(表)を出す。

今日から□□組のみんなの先生になります。○○先生です。
○○先生はイチゴが大好き。甘くておいしいよね。

4 イチゴを裏返す。子どもたちに呼びかける。

お絵描きも大好きよ。みんなに会えるのを楽しみにしていました。
これからいっしょに遊びましょうね!

アレンジ 食べ物や乗り物、草花など、保育者が好きなものの絵人形を作って自己紹介をしましょう。

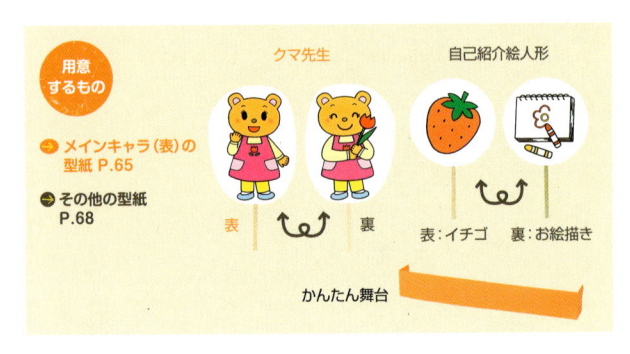

2 入園・進級

友達いっぱいよろしくね！

新しいクラスや新しい友達にドキドキ・ワクワクが膨らんで、楽しみがいっぱい！

導入のことばがけなど 新しいクラスに子どもたちは緊張もしています。子ども同士が新しい友達に興味を持つように、楽しい雰囲気をつくりましょう。

用意するもの

- メインキャラ(表)の型紙 P.65
- その他の型紙 P.68

クマ先生(裏はなし)
ネズミくん
ウサギくん
イヌくん
表 裏
ネズミちゃん
ウサギちゃん
イヌちゃん
かんたん舞台

1 クマ先生を出す。

今日は、みんなにお友達を紹介するよ。

2 クマ先生を舞台に立て、ネズミくんを出す。

ぼくはネズミくんです。

3 ネズミくんを裏返す。

三輪車に乗るのが大好き！よろしくね。

4 ネズミくんを舞台に立てる。2、3と同じ手順を繰り返して、ネズミちゃん、ウサギくん、ウサギちゃん、イヌくん、イヌちゃんを紹介する。

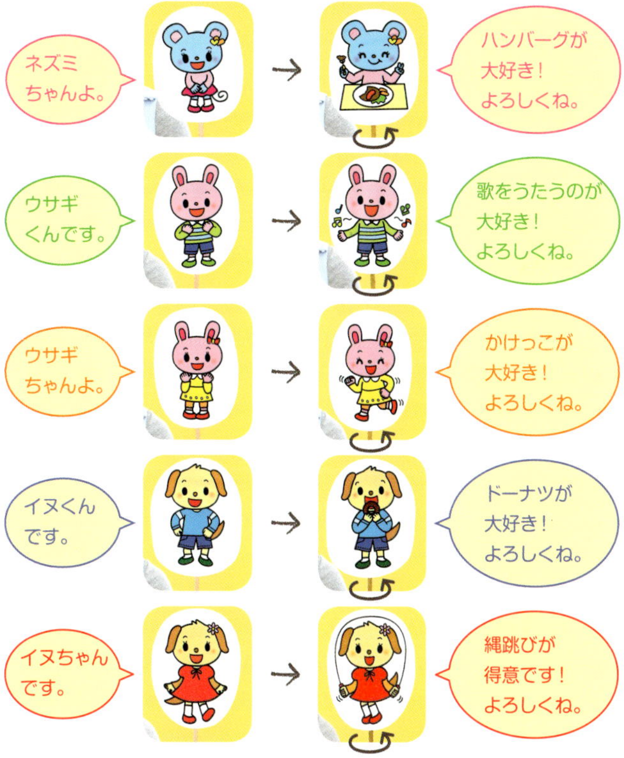

ネズミちゃんよ。
ハンバーグが大好き！よろしくね。
ウサギくんです。
歌をうたうのが大好き！よろしくね。
ウサギちゃんよ。
かけっこが大好き！よろしくね。
イヌくんです。
ドーナツが大好き！よろしくね。
イヌちゃんです。
縄跳びが得意です！よろしくね。

5 6人とも表に返して舞台に立て、クマ先生を持ち、子どもたちに呼びかける。

お友達がいっぱいだね。
みんなよろしくね！

アレンジ クラスの子どもたちの写真を使ってそれぞれの絵人形を作り、紹介してもおもしろいでしょう。

3 入園・進級 忘れ物ないかな？

元気よく「行ってきます！」と出たつもりが…。
持ち物の確認、忘れずに！

導入のことばがけなど 「みんなー、あわてんぼうのウサギくんのお話、始めるよ〜！」と、まずは楽しい雰囲気をつくってみましょう。

用意するもの

➡型紙P.69（家はP.65）

ウサギくん
カバン（裏はなし）
帽子（裏はなし）
靴（裏はなし）
表
裏
家（裏はなし）
かんたん舞台

1 家を舞台に立てておき、ウサギくんを家から出す。

ようちえん、
行ってきまーす！

2 家からカバンを出し、ウサギくんを呼び止める。ウサギくんとカバンをまとめて持ち、出掛ける。

ちょっと待って！
ぼくを忘れないで。
あっ！
忘れていた！
カバンを持って、
行ってきまーす！

3 家から帽子を出し、ウサギくんを呼び止める。帽子もまとめて持ち、出掛ける。

ちょっと待って！
わたしを
忘れないで。
あっ！
忘れていた！
帽子をかぶって、
行ってきまーす！

4 家から靴を出し、ウサギくんを呼び止める。

ちょっと待って！
ぼくを忘れないで。
あれれ、靴を履い
ていなかった……。

5 靴もまとめて持ち、順番に指をさしていく。

靴を履いて、
カバンを持って、
帽子をかぶって、
忘れものなし！

6 カバン、帽子、靴を下げて、ウサギくんを裏返し、手を振って見送る。

行ってらっしゃい！
今度こそ行って
きま〜す！
みんなも
忘れもの
しないでね！

アレンジ ハンカチや絵本袋など、ほかにも必要な物を絵人形にしてみましょう。前日に「明日、持ってくる物」の確認としてもOK！

4 入園・進級
おにいさん・おねえさんになったよ!

「もう、ぼく・わたしって年長・年中さんなんだ!」とうれしさいっぱいになるように。

導入のことばがけなど 「みなさんは、何組になりましたか?」「〇〇組!」と、会話を弾ませて、子どもたちが年長・年中児になったことへ意識を向けてから始めましょう。

用意するもの

- メインキャラ(表)の型紙 P.65
- 仲よしカードの型紙・まとめ方は P.69

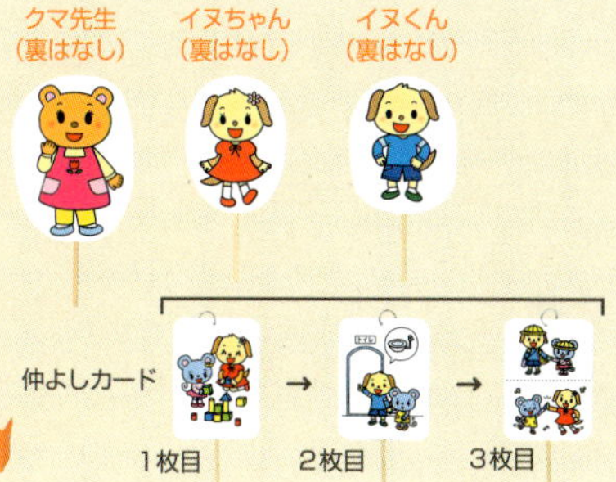
クマ先生
(裏はなし)
イヌちゃん
(裏はなし)
イヌくん
(裏はなし)
仲よしカード
1枚目
2枚目
3枚目

かんたん舞台

1 舞台にイヌちゃんとイヌくんを立て、クマ先生を出す。

今日からみんなは年長組ですね。小さい組の友達が来たら、何をしてあげるかな?

2 クマ先生を舞台に立てる。イヌちゃんを持って仲よしカードを出し、舞台の中央に立てる。

わたしはいっしょに遊んであげる。

3 イヌちゃんを舞台に立て、イヌくんを持ち、仲よしカードをめくる。

ぼくはお部屋やトイレの場所を教えるよ。

4 もう1枚仲よしカードをめくり、イヌちゃんを待つ。

遠足にも行くし、歌もダンスもするよ。
楽しいこといっぱい教えてあげる!

5 イヌちゃんとイヌくんを元気よく動かす。

当番もあるしね。
お世話するのだーい好き!

6 イヌちゃんをイヌくんといっしょに持ち、クマ先生を持ち、締めくくる。

みんなえらいわ!すっかりお兄さんお姉さんね!
はやく小さい組の友達に会いたいな!

アレンジ 植物への水やりや掃除など、年中・年少組で取り組んでいたことを絵人形にすると、自信になり、年長・年中組になった意識が高まります。

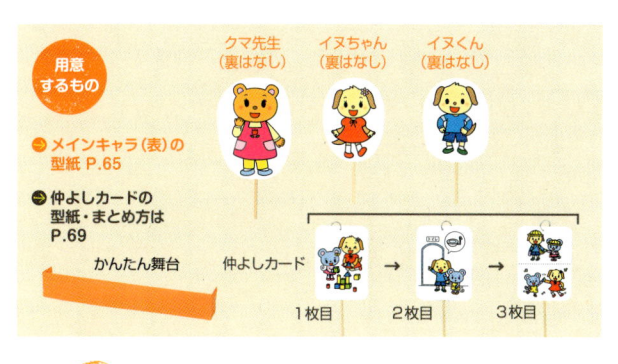

5

こどもの日

こいのぼりのひみつ

男の子も女の子も子どもたちみんなの成長を願う、こどもの日。みんなでいっしょに楽しもう！

導入のことばがけなど

「風に乗って空を泳ぐ魚って知ってるかな?」などと興味を引いてから演じるなど工夫してみましょう。

用意するもの

- メインキャラ（表）の型紙 P.65（ほかのキャラクターで演じてもOK）
- こいのぼりの型紙 P.66
  コイ＆竜の型紙 P.69

クマ先生（裏はなし）
ウサギくん（裏はなし）
イヌちゃん（裏はなし）
こいのぼり（裏はなし）
コイ＆竜
かんたん舞台
表
裏

1 こいのぼりとイヌちゃんを舞台に立てる。クマ先生を右手に持ち、ウサギくんを左手に持つ。

今日からこいのぼりをあげますよ。
わあ、大きいなあ。
こいのぼりが1、2、3！

2 ウサギくんを舞台に立てる。クマ先生を持ち、こいのぼりを1つずつ指さしながら説明する。

黒のまごいはお父さん、赤のひごいはお母さん、青は子どもたちよ。

3 ウサギくんを持ち、質問をする。

上のヒラヒラしたものはなぁに？

4 クマ先生が答える。

吹き流しっていうのよ。みんなを悪いものから守ってくれるのよ。
へえ〜。

アレンジ 6 7 でスズランテープなどを使って川や滝を表現してもおもしろいでしょう。また、流れが速い川でも流されないで元気よく泳ぐコイのようすを伝えるために、大きな動きで演じるといいですね。

5 ウサギくんが質問する。

こいのぼりって
魚のコイなの？

6 ウサギくんを舞台に立て、クマ先生が話しながらコイを出し、ゆっくり泳ぐしぐさをする。

ゆったり〜
そうよ。コイはきれいな水のところだけでなく、汚い沼や池でも生きられるとても強い魚なの。

7 コイを縦にし、滝を上るイメージで上に動かす。

グーン！
昔々、コイは流れの強い滝を上り…。

8 コイを裏返し、竜にする。

竜に変身して天まで上ったといわれているのよ。

9 竜を下げる。

そのコイのように強く元気に大きくなってほしいと願ってこいのぼりを揚げるのよ。

10 クマ先生を舞台に立て、ウサギくんとイヌちゃんを手に持ち、話をして、締めくくる。

こいのぼりって
すごいね。
おうちのひとにも
教えてあげたいね。

ちょこっと知識 昔、中国ではコイが滝を上ると竜になるといわれていました。それを受けて、日本でも庭にこいのぼりを立て、「りっぱな人になりますように」「出世しますように」と子どもの成長と将来を願うようになりました。

6 こどもの日
かしわもち&ちまき

こどもの日に食べる、かしわもちとちまき。
さて、どんな意味があるのかな?

用意するもの

➔ メインキャラ(表)の型紙 P.65
(ほかのキャラクターで演じてもOK)
➔ その他の型紙 P.69

クマ先生
(裏はなし)
ネズミちゃん
(裏はなし)
イヌくん
(裏はなし)
かんたん舞台
かしわもち
表
裏
ちまき
(裏はなし)

導入のことばがけなど　「こどもの日に食べる、緑色の葉っぱで包まれたおもちは、なぁんだ? 知っているかな?」と、子どもたちに尋ねてから始めてみましょう。

1 クマ先生を舞台の端に、かしわもちとちまきを真ん中に立てておく。ネズミちゃんとイヌくんを手に持つ。

今日はこどもの日。かしわもちとちまきを食べるんだよね。
いただきまーす! パクパク

2 イヌくんを舞台に立て、ネズミちゃんを持ち替えて、クマ先生を持つ。

知らなーい。
なんでかしわもちとちまちを、こどもの日に食べるか知ってるかな?

3 ネズミちゃんを舞台に立て、かしわもちを持つ。

かしわもちの葉っぱは、"カシワ"という木の葉っぱです。この木は、子どもの葉っぱが出るまで、おじいちゃん・おばあちゃんの葉っぱが落ちずに長生きするんだって。

4 かしわもちを裏返す。

だから、おじいちゃん・おばあちゃん・お父さん・お母さんそして子どもたちへとつながって、みんなが元気で長生きできますようにと願って食べるのよ。

5 かしわもちを表に戻して舞台に立て、ちまきを持つ。

ちまきは、悪いことから守ってくれるの。
おとなりの国、中国から伝わってきたんだよ。いろいろな人に配るといいんだって。

6 ちまきを舞台に立て、ネズミちゃんとイヌくんをいっしょに持つ。

どちらもみんなが元気でいいことがありますように、という願いが込められているんだよ。
いっぱい食べて、元気モリモリだね!

アレンジ　かしわもちやちまきの写真を使って絵カードを作ったり、実物を出してにおいや味について話したりするのもよいでしょう。

ちょこっと知識　カシワの木は、新芽が出るまで親葉が落ちないことから、かしわもちを食べることで「子孫繁栄」を表すとされています。

7 こどもの日

「かぶと」ってなぁに？

子どもたちみんなが元気よく、強い子どもに育ちますように、という願いを込めて。

導入のことばがけなど 園に飾られているかぶとを見に行ってから、「さっき見たかぶと、すごかったね。クマ先生も飾っているみたいよ」などと始めてもよいでしょう。

用意するもの

➡ メインキャラ（表）の型紙 P.65
（ほかのキャラクターで演じてもOK）

➡ かぶとの型紙・折り方は P.70

クマ先生（裏はなし）
ウサギくん（裏はなし）
ウサギちゃん（裏はなし）
かぶと（裏はなし）
かんたん舞台
折り紙のかぶと
新聞紙のかぶと

1 「かぶと」とウサギちゃんを舞台に立て、ウサギくんとクマ先生を出す。

クマ先生、これはなぁに？
これは「かぶと」っていうのよ

2 ウサギくんを舞台に立て、ウサギちゃんを持つ。

悪いことからみんなを守ってくれるのよ。
強く元気に育ってほしいという願いが込められているのよ。
どうしてかざるの？
さあ、みんなで「かぶと」をかぶりましょう。

3 ウサギくん、ウサギちゃん、クマ先生に「折り紙のかぶと」をはり付ける。

わーい!!
ウサギちゃんも、ウサギくんもかぶりましょう。

4 保育者も「新聞紙のかぶと」をかぶり、ウサギちゃんとウサギくんを持ち、元気モリモリのポーズを取る。

ぼくも！　元気いっぱいに遊ぼうっと！
「かぶと」をかぶると、元気になった気がする！

アレンジ 子どもたちといっしょに色画用紙や新聞紙などでかぶとを折り、みんなでかぶって遊ぶとよいでしょう。

ちょこっと知識 戦国時代、武者が鎧《よろい》や兜《かぶと》を身に付けて合戦に挑んだことから、子どもの安全と強く元気に育つことを願って飾ります。

8 虫歯予防デー
きれいに歯をみがこう!

大きなお口のワニくん、しっかり歯をみがいているかな?　みんなで楽しく歯みがきの習慣を!

導入のことばがけなど　「ごはんを食べた後、みんなはどうするのかな?」「あっ!　ワニくんがやってきましたよ。さて、ワニくんはどうするのかな?」と始めましょう。

用意するもの

型紙・ワニくんの作り方はP.70

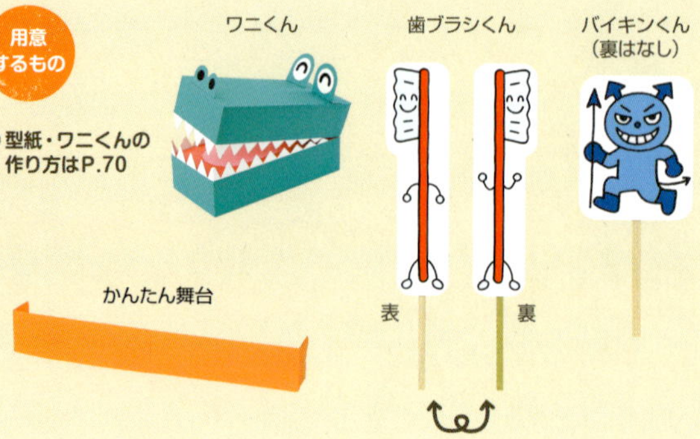
ワニくん
歯ブラシくん
バイキンくん（裏はなし）
かんたん舞台
表
裏

1　ワニくんと歯ブラシくんを出す。

ごはんも食べたし、おなかいっぱい! さあて遊ぼう!
ワニくん! 歯みがきしないと虫歯になるよ!

2　歯ブラシくんを舞台に立てる。バイキンくんを出し、食べカスを探すように動かす。

へいきへいき! 虫歯になんてならないよ!
くんくん いいにおいがするぞ!

3　バイキンくんをワニくんの口の中へ飛び付かせる。

見つけた! あの口だ!
ピョーン!

4　ワニくんの口の中でバイキンくんを上下左右に動かし、暴れる。

うん? 口の中がおかしいぞ?
ヒッヒッヒッ。食べカスがたくさん付いてるぞ!
トントントン
ガリガリガリ

アレンジ　子どもも歯ブラシを持ち、「あ」「い」「あ」の口をしながら、いっしょに歯をみがく練習をするとよいでしょう。「きちんとみがいていない子はだれだ～!」とバイキンくんを子どもたちのところへ動かしても楽しくなります。

5 バイキンくんを下げ、歯ブラシくんを持つ。

たいへんだ！
すぐに歯みがきをしよう！

6 ワニくんの口を大きく開け、歯ブラシくんを奥から手前に数回動かす。下の歯、上の歯と続ける。

口を大きく開けてかみ合わせ（歯と歯がくっつくところ）をゴシゴシゴシ。

7 ワニくんの口を閉じ、歯ブラシくんを上下に小刻みに動かす。左、前、右と続ける。

「い」の口にして歯の表（こちら側）をシャカシャカシャカ。
1本ずつていねいにみがこう。

8 ワニくんの口を大きく開け、歯の裏側をみがく。下の歯、上の歯、前の歯と続ける。

口を大きく開けて歯の裏側（向こう側）をゴシゴシゴシ。

9 歯ブラシくんを舞台に立て、ワニくんの口元からバイキンくんを飛び出させる。

た、たすけて～
歯みがきはきらいだよ～。

10 歯ブラシくんを持ち、締めくくる。

あーよかった。
虫歯はいやだ！
食べたらちゃんと歯をみがくよ。
よかったね！
忘れずに歯をみがこうね！

ちょこっと知識

1928（昭和3）年から、「ム（6）」と「シ（4）」の語呂で6月4日が虫歯予防デーと日本医師会が定めました。
また、1958（昭和33）年からは厚生省と文部省（いずれも当時）により、6月4日から10日までの1週間が「歯と口の衛生週間」とされています。

9 虫歯予防デー 歯の役割

**歯を大事にしないとたいへんなことになるよ！
歯みがきをしっかりして守ろう！**

導入のことばがけなど
「虫歯になったらどうなると思う？」と問いかけて、
子どもたちが少し考えられる間をとってから始めてみましょう。

用意するもの

➡ メインキャラ（表）の型紙 P.65
➡ その他の型紙 P.70

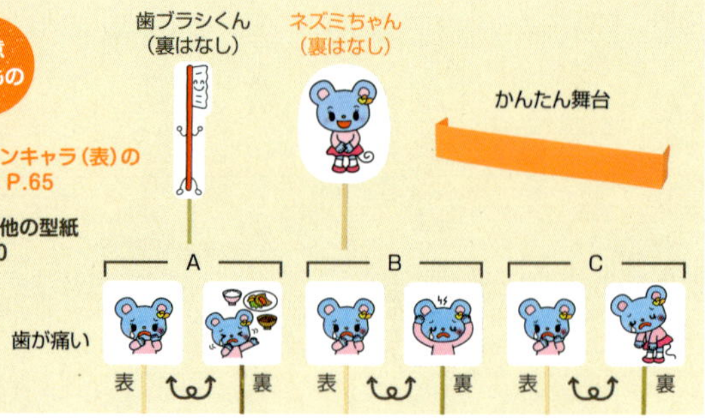
歯ブラシくん
（裏はなし）
ネズミちゃん
（裏はなし）
かんたん舞台
A
B
C
歯が痛い
表
裏
表
裏
表
裏

1 歯ブラシくんとネズミちゃんを出す。

ネズミちゃんは食べたら歯をみがいているかな？
ていねいにみがいているよ！ 虫歯になっちゃうものね。

2 ネズミちゃんを舞台に立て、「歯が痛いA」表を出す。

そうだね。
虫歯になると歯が痛くて……。

3 歯ブラシくんを舞台に立て、「歯が痛いA」を裏返す。

ごはんがかめなくなっちゃう。

4 2、3と同様に、相づちを打った後、「歯が痛いA」を下げ、「歯が痛いB」表を出す。歯ブラシくんを舞台に差し、「歯が痛いB」を裏返す。

頭も痛くなっちゃう。

5 2、3同様に相づちを打った後、「歯が痛いB」を下げ、「歯が痛いC」表を出す。歯ブラシくんを舞台に差し、「歯が痛いC」を裏返す。

姿勢も悪くなっちゃうよ。
（背中がぐにゃっとまがっちゃうよ）。

6 「歯が痛いC」を下げ、歯ブラシくんとネズミちゃんを持ち、締めくくる。

歯は大事にしなくちゃね！
食べたらみがく！ 忘れないようにしまーす。

アレンジ
「虫歯のないピカピカの歯だとごはんがおいしいね」「笑顔になるね」「元気に遊べるね」とプラスの方向にしてもよいでしょう。

ちょこっと知識
健康な乳歯があると強い永久歯に生え替わります。永久歯は、12・13歳ごろまでに生え替わります。

10 時の記念日
時計の誕生日

時間をお知らせしてくれる時計さん。
時への関心を高めるきっかけに！

導入のことばがけなど　『時計のうた』など、時計に関する歌をうたって、雰囲気をつくってから始めてみましょう。

用意するもの

➡ メインキャラ（表）の型紙 P.65（ほかのキャラクターで演じてもOK）

➡ 時計の型紙・作り方は P.71

クマ先生（裏はなし）
ウサギちゃん（裏はなし）
時計
かんたん舞台

1 舞台の前に時計を置き、クマ先生、ウサギちゃんを出す。

6月10日は時の記念日です。
とき？

2 クマ先生とウサギちゃんが話をする。

時って時間のことよ。6月10日は、時間を知らせてくれる時計ができた日なのよ。
時計の誕生日だね！

3 クマ先生とウサギちゃんを舞台に立てる。時計を手に持ち、長針と短針を回す。

時計は、長い針と短い針がグルグル回って、今何時ですよ、と教えてくれます。
追いかけっこをしているみたい！

4 時計の針を12時に合わせたら、クマ先生を持ち、質問する。

短い針が「12」のときは何の時間かな？
給食の時間！

5 クマ先生を1度舞台に立て、時計の針を3時に合わせる。再びクマ先生を持ち、質問する。

そうね！ じゃあ「3」のときは？
おやつの時間！

6 時計を舞台の前に置く。ウサギちゃんを手に持ち、締めくくる。

正解！ 時間に合わせてみんなもごはんを食べたり、遊んだりしているのよ。
時間って大切だね！

アレンジ　ほかにはどんな時計があるか尋ねたり、デジタル時計や腕時計、日時計や水時計、花時計などの写真を見せたりして紹介してみましょう。

ちょこっと知識　時の記念日は「時間を守り、大切にして、合理的な生活を送る」ために作られたものです。

11 七夕 織り姫と彦星のお話

夏の夜空には、川のようなたくさんの星たち。
昔々の夜空の星たちのお話、はじまりはじまり。

導入のことばがけなど 「夜空には何が見えるかな？ 今日は七夕のすてきなお話をしますね」と、始めましょう。

用意するもの

➔型紙・天の川、カササギの作り方はP.71

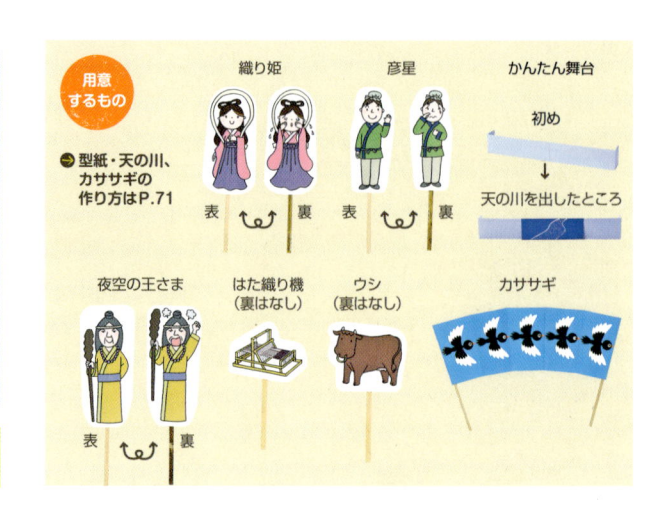

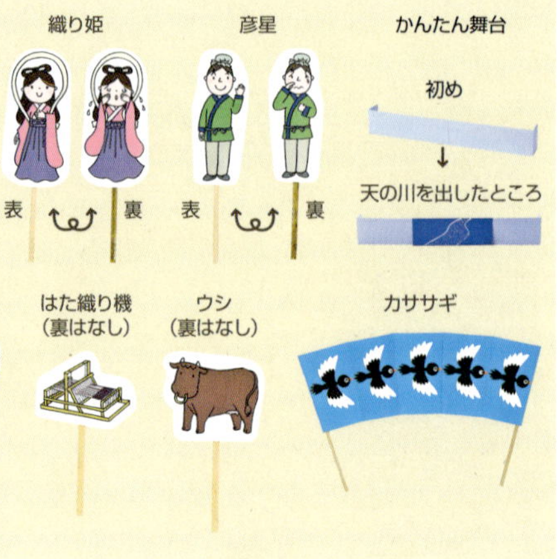
織り姫
表
裏
彦星
表
裏
かんたん舞台
初め
天の川を出したところ
夜空の王さま
表
裏
はた織り機（裏はなし）
ウシ（裏はなし）
カササギ

1 はた織り機を舞台に立て、織り姫と夜空の王さまを出す。

昔々、夜空の王さまに、はた織りのじょうずな「織り姫」という娘がいました。
いつも一生懸命な織り姫に、いいおむこさんを見つけてやりたいな。
今日もきれいな着物を作りましょう。
ギッコンバッコン
う〜ん。

2 織り姫を舞台に立て、夜空の王さまを持ち替える。セリフの①でかんたん舞台の天の川を前に出し、②でウシを舞台に立て、③で彦星を出す。

そうだ！ ①天の川の向こうに住んでいる②ウシ飼いの③彦星がいい！
③
②
①

3 彦星を舞台に立てる。夜空の王さまと織り姫を持ち、彦星の所へ連れて行く。織り姫を舞台に立て、夜空の王さまを下げて織り姫と彦星をそれぞれの手で持つ。

仕事をがんばるふたりはいっしょに住むことにしました。
うれしいわ！
楽しいね！

4 織り姫と彦星を舞台に立て、夜空の王さまを裏返して出す。

ところが、織り姫と彦星は仕事をしなくなりました。夜空の王さまはカンカンになって怒りました。
なんということだ！

アレンジ 天の川を船で渡るというお話もあります。8 9のカササギの橋のところを船で渡るようにしてもよいでしょう。
カササギが橋を架けるというのは大陸から伝わった説で、日本では船で渡るという説もあります。

5 夜空の王さまを織り姫に近づけ、織り姫を連れて戻る。

夜空の王さまはふたりをはなればなれにしてしまいました。

6 夜空の王さまを下げ、織り姫と彦星をそれぞれの手に持ち、裏返す。

さみしいわ。しくしく……。
織り姫はどうしているのかな。

7 織り姫と彦星を舞台に立て、夜空の王さまを出す。

ちょっとかわいそうだな。仕事をがんばれるように7月7日だけ、天の川に橋を架けて会えるようにしてやろう。

8 夜空の王さまを下げ、カササギを織り姫側から彦星側へ広げる。

そうして、ふたりが一生懸命仕事をしているので、7月7日にはカササギという鳥が羽を広げて橋を作ってくれるのです。

9 カササギを舞台に立て、織り姫に橋を渡らせ彦星のとなりへ動かす。織り姫、彦星、共に表に返す。

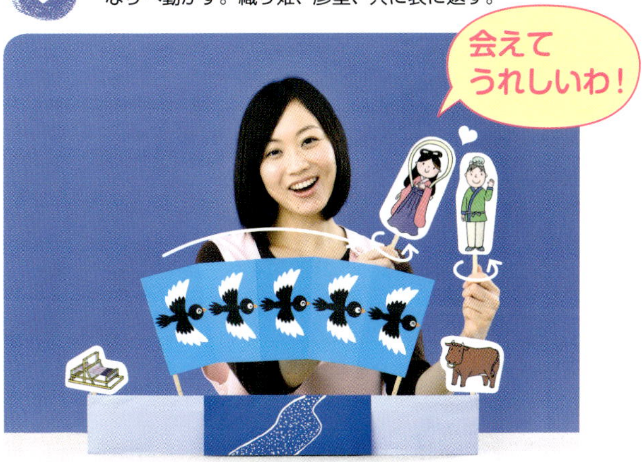
会えてうれしいわ！

10 織り姫と彦星を舞台に立てる。
前を向いて、子どもたちに呼びかけて、締めくくる。

次の7月7日もふたりは会えるかな？
おうちの人と夜空を見て、天の川を探してみよう！

ちょこっと知識

七夕は、中国の伝説と日本の昔話が合わさってできた行事で、雨が降ると会えないなどの説も。七夕には5色の色紙などで短冊を作りますが、これは中国の陰陽《いんよう》五《ご》行説《ぎょうせつ》が由来で、この世はすべて木（短冊の青色）、火（赤）、土（黄）、金（白）、水（黒）で成り立っているとされているところによります。

12 プール遊び

楽しいプールのお約束

楽しくプール遊びをするために、気をつけることをクマ先生とウサギくんが教えてくれるよ！

導入のことばがけ など 「もうすぐプール遊びが始まるね。楽しみがいっぱい。今日は、クマ先生からお話があるよ」と、始めましょう。

用意するもの

➡ メインキャラ（表）の型紙 P.65

➡ その他の型紙・プール、お約束カードの作り方はP.72

クマ先生（裏はなし）
ウサギくん（裏はなし）
ダメカード
表
裏
お約束カード
プール（舞台）

1 プール（舞台）を置き、クマ先生とウサギくんを出す。

さあ、楽しくプール遊びをするためのお約束をしますよ。
はーい。プールだ！プールだ！いっぱい水が入っている！

2 ウサギくんを舞台に立て、お約束カードを出す。

まずはトイレに行っておきましょう。

3 お約束カードを舞台に立て、１つ広げる。

次に着替えます。

4 お約束カードをもう１つ広げる。

次は、しっかり準備体操をしますよ。
イチ、ニ、サン、シ

アレンジ 実際にプールでどのような遊びをするのか、⑩の後で楽しく紹介すると、子どもたちの興味をより引き出せます。

5 お約束カードをさらに広げる。

そして、足をしっかり
洗いましょうね。

6 お約束カードの最後を広げる。

最後にシャワー
をあびます。
覚えたかな?

7 お約束カードを下げる。ダメカード（表）を出してプールサイド走らせる。

してはいけない
お約束もありますよ。
プールサイドを
走っては……。
ビューン

8 ダメカードを裏返す。

ぜったいダメ!
水にぬれたところは
滑って転びやすいから
ダメよ。

9 ダメカードを表にし、プールに飛び込ませて裏返す。

先生の合図を
聞かずにかってに
泳いでは……。
パシャ
ぜったいダメ!
急に冷たい水に入ると、
心臓がドキドキするから
ダメよ。

10 ダメカードを下げ、
ウサギくんを持って締めくくる。

お約束を守って先生の
お話をきちんと聞いて、
楽しく遊びましょうね。
はーい!

13 夏 夏のお約束クイズ

夏は元気に遊びたい！　でも気をつけてね。
生活リズムが乱れがちな夏のお約束を楽しく知ろう！

導入のことばがけなど　子どもたちに「どこへ行くのかな？」「何して遊ぶのかな？」などと聞いて、気持ちを高めてから演じてみましょう。

用意するもの

- メインキャラ（表）の型紙 P.65
- その他の型紙 P.73

クマ先生（裏はなし）
早寝・早起き
表
裏
朝ごはん
表
裏
熱中症
表
裏
交通安全
表
裏

1　クマ先生を出す。

みんな、夏を毎日元気に遊ぶために、お約束があります。今日は、夏のお約束クイズをしますよ〜。
は〜い！

2　「早寝・早起き」表を持つ。

第1問！　ウサギくんとネズミちゃんがいっしょに遊んでいるよ。あれ？　ネズミちゃんが朝からあくびばっかりしているよ。どうしてでしょう？　なぜだかわかるかな？（わかる人、手をあげて）
どうしてかな？
え〜っとね〜

3　「早寝・早起き」を裏返す。

答えは、「夜遅くまで起きていたから」でした！
みんなも早寝・早起きしようね！（お約束できる人、手をあげて）
は〜い！
これでげんきにあそべるね！

4　「早寝・早起き」を下げる。「朝ごはん」（表）を出す。

第2問！　セミ捕りをしているネズミくん。まだ朝なのに元気がないよ。おなかがペコペコなんだって。どうしてかな？
どうしてかな〜？

アレンジ　「食べた後は歯をみがこう」「元気にあいさつをしよう」「お手伝いをしよう」「テレビやゲームは時間を決めて」「止まっている車のそばでは遊ばない」「知らない人には付いて行かない」など、ほかにも各園・各クラスで伝えたいことを絵人形にしてみましょう。

5 「朝ごはん」を裏返す。

みんなしっかり朝ごはんを食べようね！
答えは、「朝ごはんを食べていないから」でした。
は〜い！

6 「朝ごはん」を下げる。「熱中症」(表)を出す。

第3問！ 外で遊んでいるウサギちゃんが忘れ物を2つしたから暑そうにしているよ。何と何を忘れたのかな？
たいへんだ〜
なにかな？

7 「熱中症」を裏返す。

答えは、帽子と水筒でした。
忘れずに持って行こうね。
外で遊ぶときは、日陰がいいよ。
は〜い！

8 「熱中症」を下げ、「交通安全」表を出す。

最後の問題！ あっ！ イヌくんがイヌちゃんを見つけて道路に跳び出したよ。危ない！ 道路を渡るときは、どうするのかな？
あぶないよ〜
え〜と…

9 「交通安全」を裏返す。

答えは、右と左から車が来ていないか見ることでした。
横断歩道があれば渡ろうね。
車はどこから来るかわからないからしっかり見ないとね。
は〜い！

10 「交通安全」を下げて、子どもたちに呼びかけて締めくくる。

おうちのひとの言うことをしっかり守って、楽しい夏を過ごしましょうね！
は〜い！

ちょこっと知識

2011年7月より、気温が35℃以上を記録すると予想された場合、高温注意報を発令して熱中症に対する備えを呼びかけるようになりました。外で遊ばないほうがよい日もあることを知っておきましょう。

14 十五夜 お月見をしよう

秋の夜空に浮かぶ月の美しさとお月見の風習に関心が持てるように。

導入のことばがけなど 「夜の空のまん丸お月さまを見たことがあるかな？　もうすぐ（明日は）まん丸なお月さまが見られるんですよ」などと、始めてみましょう。

用意するもの

➡ メインキャラ（表）の型紙 P.65

➡ その他の型紙・いろいろな月の作り方はP.74

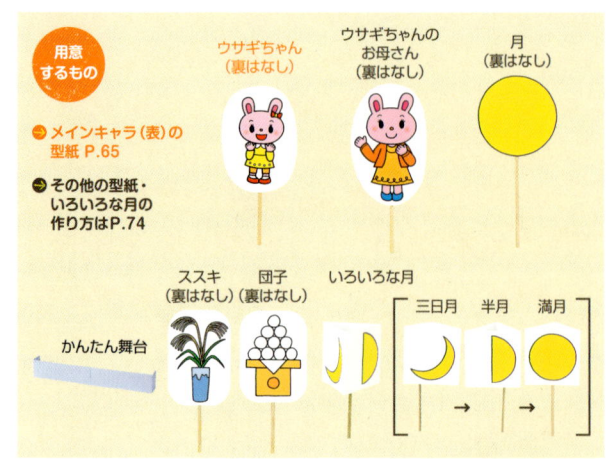

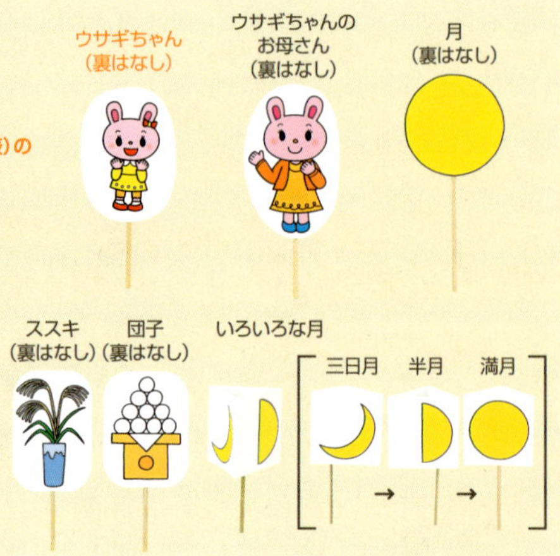
ウサギちゃん（裏はなし）
ウサギちゃんのお母さん（裏はなし）
月（裏はなし）
かんたん舞台
ススキ（裏はなし）
団子（裏はなし）
いろいろな月
三日月
半月
満月

1 お母さんを舞台に立て、月とウサギちゃんを出す。

わー！大きくてきれいでまん丸なお月さま！

2 月を舞台に立て、お母さんを持つ。

ねえねえ、お月さまっていつもまん丸なの？
まあ！　本当にきれいね。

3 ウサギちゃんを舞台に立て、「いろいろな月」の三日月を出す。

まずは、こんな形。つめの先っぽのような形をしているわね。「三日月」といいます。
いいえ、いろいろな形があるのよ。
ほかにもあるの？

4 「いろいろな月」を回して、半月の面にする。

次は、丸の半分の形。「半月」といいます。
わあ…お月さまが変身している。

アレンジ 「昨日のお月さまはどんな形をしていた？」「どんな色だった？」など聞いてみてもおもしろいでしょう。みんなで月の絵を描いてイメージを膨らませてみたり、お話を考えてみたりするとさらに楽しいですね。

5 「いろいろな月」を回して、満月の面にする。

そして、ウサギちゃんが見たまん丸お月さまは「満月」といいます。9月の満月のときは、お月見をするのよ。
お月見ってなあに？

6 「いろいろな月」を下げ、ススキを舞台に立てる。ウサギちゃんを持つ。

お月さまにお供えをして野菜や果物ができたことに感謝するのよ。
お月見するときはまず、ススキを飾ります。
どうして？

7 ススキの話をする。

ススキは悪者からみんなを守ってくれるのよ。
そうかぁ、ススキってすごいね。

8 ウサギちゃんを舞台に立て、団子を舞台に立てる。ウサギちゃんを持つ。

そして、お団子を持ってきましょうね。
わぁ、お団子大好き！

9 団子の話をする。

お団子は、満月みたいな形をしているでしょう。だからお団子を飾って元気でいられますようにってお月さまにお願いするの。
早く食べたいなあ。

10 お母さんとウサギちゃんを舞台に立て、子どもたちに呼びかけて、締めくくる。

みんなのおうちでもまん丸のお月さまを見つけて楽しいお月見をやってみてね！

ちょこっと知識

十五夜の月は「中秋の名月」などと呼ばれ、１年でもっとも美しいとされています。10月になる年もあります。
月の模様は日本ではお餅をつくウサギですが、ヨーロッパでは女性の顔や大きなカニ、アメリカではくわを持った農夫などさまざまです。

15 ハロウィン ハッピーハロウィン

ちょっと怖くて不思議な外国のお祭りのはじまりはじまり！

導入のことばがけなど 「みんな、カボチャは好きかな？」「どんな味がするかな？」「カボチャが出てくる外国のお話、知っているかな？」と尋ねて始めてみましょう。

用意するもの

➡ メインキャラ（表）の型紙 P.65

➡ その他の型紙 P.74 家はP.65 チョコレートはP.66

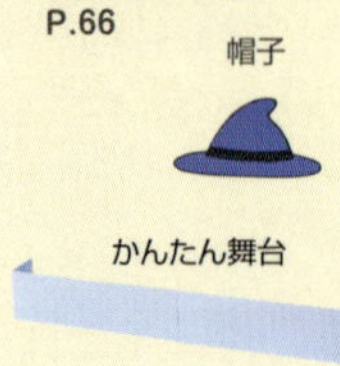
帽子
かんたん舞台

クマ先生（裏はなし）
ウサギちゃん
イヌくん
表
裏
表
裏
おばけ（裏はなし）
カボチャ（裏はなし）
チョコレート（裏はなし）
家（裏はなし）

1 クマ先生、ウサギちゃん、イヌくんを出す。

10月31日はハロウィンの日です。
ハロウィンってなあに？

2 ウサギちゃんとイヌくんを舞台に立て、おばけを出す。

秋に小麦や野菜や果物がたくさん取れるのをお祝いするのよ。そして悪いおばけが来ないようにするお祭りよ。

3 おばけを下げ、カボチャを出す。

お祭ではジャックオーランタンというカボチャのちょうちんを作るの。これを見ると、おばけは逃げていくのよ。

4 カボチャを下げ、クマ先生に魔女の帽子をはり付ける。

悪いおばけが来ないように変装もするのよ。

アレンジ 8のお菓子をもらいに行く場面、10のお菓子をもらった場面で、セリフを子どもたちと声を合わせて言うと楽しい雰囲気になります。その後、みんなでハロウィンごっこをすると楽しいでしょう。

5 チョコレートを出す。

変装したら、いろいろなおうちを回り、合いことばを言い合ってお祭りのお菓子をもらいに行くの。

6 チョコレートを下げ、クマ先生を舞台に立てて、ウサギちゃんとイヌくんを持つ。

今からハロウィンごっこをしましょう！
わあ、楽しそう！

7 ウサギちゃんとイヌくんを舞台に立て、クマ先生の前に家を立て、カボチャを舞台に立てる。

じゃあ、先生はおうちに入っているわ。目印のカボチャを置かないとね。

8 ウサギちゃん、イヌくんを両手に持ち、裏返す。

わたしは魔女になるわ！
ぼくはおばけになるぞ！

9 ウサギちゃん、イヌくんで家の扉をたたく。

合いことばを覚えてね。
トントントン、トリックオアトリート！
お菓子をくれないといたずらするぞ〜。

10 ウサギちゃん、イヌくんを一方の手で持ち、家からチョコレートを出す。最後に子どもたちに呼びかけ、締めくくる。

おうちの人の合いことばよ。
ハッピーハロウィン。はいどうぞ！
わーい！やったね！
ハロウィンって楽しいお祭りだね。ウサギちゃん、イヌくんもよかったね。ハロウィンの楽しいお話でした。

ちょこっと知識 ハロウィンは、キリスト教の「万聖祭」と呼ばれる祭り（11月1日）の前夜祭で、先祖の霊を招き悪魔を追い払うため、火を起こしました。また、魔女と黒猫とカボチャのイメージから、この日のシンボルカラーは黒とオレンジです。

16 クリスマス
うれしい楽しいクリスマス

子どもたちが大好きなクリスマス。
サンタクロースはどこからくるのかな?

導入のことばがけなど 綿などを白いひげとして付けて、「こんな白いおひげのおじいさん、みんな見たことあるかな?」と子どもたちに聞いてみましょう。

用意するもの

➡ メインキャラ（表）の型紙 P.65（ほかのキャラクターで演じてもOK）

➡ その他の型紙・サンタ＆トナカイの作り方はP.75

クマ先生
（裏はなし）
ウサギくん
（裏はなし）
イヌちゃん
（裏はなし）
ツリー
（裏はなし）
サンタ＆トナカイ
（裏に鈴を付ける）
プレゼント
（裏はなし）
かんたん
舞台

1 ツリーを舞台に立て、イヌちゃんとウサギくんがツリーの飾り付けをしているようにツリーに近付ける。

ブーツも飾って…
てっぺんに
お星さまを
付けて…

2 イヌちゃんを舞台に立て、ウサギくんを持ち替えて、クマ先生を出す。サンタさんの話をする。

よし！
ツリーの飾り付け
完成！
きれいに飾れたわね。
クリスマスはね、いい
子にしていると、サン
タさんからプレゼント
がもらえるのよ。

3 ウサギくんの質問にクマ先生が答える。

楽しみだね。
サンタさんは
どこからやって
くるのかな?
サンタさんはね、
遠い北の国から
やって来るのよ。

4 ウサギくんを舞台に立て、耳を澄ます。その後、舞台下のサンタ＆トナカイを持ち、鈴を鳴らす。

シャンシャン
シャンシャン
し〜っ！
耳を澄ませてみて。
何か聞こえるわ！

アレンジ 5 でトナカイとサンタが登場する前に鳴らす鈴の音を、初めは小さく、だんだん大きくすると、雰囲気が出ます。2 10 の「いい子」を「今年、運動会を一生懸命したね」「元気いっぱい歌をうたったね」など、クラスの子どもたちに合わせて変えてみましょう。

5 ツリーの後ろからトナカイを出す。

シャンシャンシャン
おや!
トナカイさんよ!!

6 クマ先生を舞台に立て、サンタ＆トナカイを開いていく。

7 サンタ＆トナカイを開いてサンタも見せ、大空を飛ぶように動かす。

あ～、
忙しい、忙しい!

8 サンタ＆トナカイを下げ、イヌちゃんとウサギくんを持つ。

あれ?
今、何か通ったような……。
あっ! 見て!

9 イヌちゃんとウサギくんを持ったまま、舞台の下に置いておいたプレゼントをいっしょに持って出す。

わ～い!
プレゼントだ!
サンタさん
からだね。
やったね!

10 プレゼントを下に置き、イヌちゃんとウサギくんを舞台に立て、クマ先生を持って、締めくくる。

みんながいい子
だったからよ。
よかったね。

ちょこっと知識 クリスマスはキリスト教のお祭りで、24日が前夜祭、25日が降誕祭（誕生日）です。サンタクロースの名前は、一説には貧しい子どもたちに財産を分け与えた、フィンランドのセント・ニコラウスがなまってできたとされています。

17 お正月

おせち料理の意味は?

お正月の食べ物には、願いがいっぱい込められているよ。重箱《じゅうばこ》を開けてみよう。

導入のことばがけなど 「お正月にはおいしい食べ物がいっぱい!何を食べる(食べた)のかな?」と興味を引き出しましょう。

用意するもの

➔ メインキャラ(表)の型紙 P.65(ほかのキャラクターで演じてもOK)

➔ その他の型紙 P.75

クマ先生(裏はなし)
イヌくん(裏はなし)
おせち料理(重箱《じゅうばこ》)
表
裏
黒豆(裏はなし)
レンコン(裏はなし)
こんぶ巻き(裏はなし)
エビ(裏はなし)
かんたん舞台

1 おせち料理(重箱《じゅうばこ》=表)を舞台に立て、クマ先生とイヌくんを持つ。

ジャーン!これはお正月に食べる特別なごちそうが入った箱よ。
わー、何が入っているのかな?

2 イヌくんを舞台に立て、黒豆をおせち料理(重箱=表)の前に立てる。

おいしい食べ物がいっぱい入っているよ。**まずは黒豆。**なぜ入っているのか、知っているかな?

3 イヌくんを持つ。

黒豆を食べて、毎日を"マメ"に元気に過ごせますようにということよ。
へえ、そうなんだ。

4 イヌくんを舞台に立て、黒豆を下げてからレンコンをおせち料理(重箱=表)の前に立てる。

次は、レンコンです!なぜ入っているのでしょうか?

アレンジ ほかの食べ物も紹介してみましょう。最後におせち料理が登場するところでは、ほかのキャラクターも登場させておいしそうに食べる場面を入れてもおもしろいでしょう。

5 イヌくんを持つ。

穴があいているから向こうが見えますね。先が見通せますようにということで入っているのよ。
穴があいていることに意味があるのかあ。

6 イヌくんを舞台に立て、レンコンを下げてからこんぶ巻きをおせち料理（重箱＝表）の前に立てる。

次は、こんぶ巻きよ。これはなぜだと思う？

7 イヌくんを持つ。

よろこぶことがたくさんありますように。よろこんぶ、よろこんぶ…よろこぶです！
わあ！　おもしろい!!

8 イヌくんを舞台に立て、こんぶ巻きを下げてから、エビをおせち料理（重箱＝表）の前に立てる。

そして、エビにも理由があるのよ。

9 イヌくんを持つ。

エビのように腰が曲がって丸くなるまで長生きしようねということよ。
そうなんだ。プリプリして大好きなんだ。

10 クマ先生、イヌくんを一度舞台に立て、エビを下げて、おせち料理を裏返す。再びクマ先生とイヌくんを持って、締めくくる。

すごーい！　おせち料理ひとつひとつにちゃんと意味があるんだね。
特別なごちそうの箱は、おせち料理の重箱《じゅうばこ》でした！
ジャ〜ン！

ちょこっと知識

カズノコは「子だくさんになりますように」と、焼き鯛は「めでたい（めで鯛）」の音に通じて、お雑煮などの餅は「たくさんのお米がひとかたまりになる」ことから団結力を表したり「望（もち）」に通じるなどから食べられます。

18 お正月 十二支のお話

ね、うし、とら、う……十二支の順番はどうやって決まったのかな？　昔から伝えられているお話。

導入のことばがけなど

「新しい年を迎えると、ネズミ年《どし》、ウサギ年《どし》って言うよね。どうやって順番が決まったのか、知っているかな？」と始めましょう。

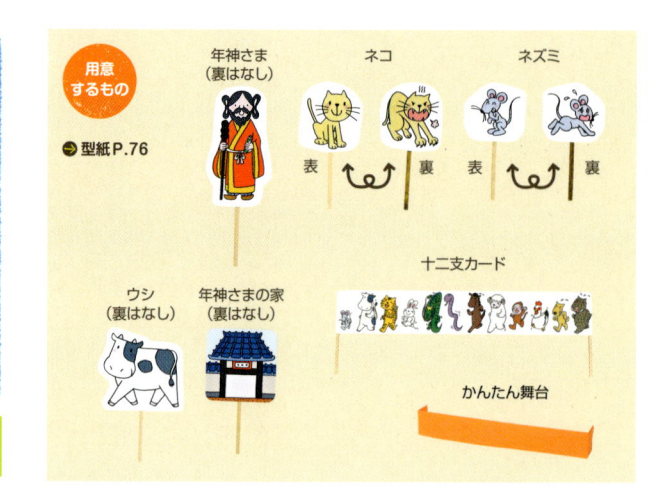

用意するもの

➔ 型紙P.76

年神さま（裏はなし）
ネコ
表
裏
ネズミ
表
裏
十二支カード
ウシ（裏はなし）
年神さまの家（裏はなし）
かんたん舞台

1 年神さまの家を舞台に立て、年神さまを出す。

昔々、年神さまが動物たちを集めました。
みんな、よく聞くのじゃ。1月1日の朝、わしの家へ早く来たものに1年ずつその年を守ってほしい。ただし、12番までじゃ。

2 年神さまを下げ、ネコとネズミを出す。

たいへん！　年神さまの話を聞きそびれちゃった！ネズミくんいつ集まるか教えて。
2日の朝だよ！

3 ネコを下げ、ウシを出す。

ネコはすっかり安心しました。
じゃあ、ぼくはウシくんの背中にこっそり乗っていこう。
さぁて。ぼくは足が遅いから先に出発しよう。
ピョーン！

4 ウシの上にネズミを乗せ、左右に動き回ったあと、年神さまの家の少し手前で止まる。

よいしょ、よいしょ。
やっと着いた！朝になるまで少し休憩しよう。

アレンジ 6の場面で動物たちが次々に到着するとき、「モ～」「ガオー」「ピョンピョン」「ニョロニョロ」「ブルルル」など、動物の鳴き声や動きを表す音を順番に出してみるなどの工夫をすると、楽しくなるでしょう。

5 朝になり、ウシが年神さまの家に行こうとしたとき、ネズミが背中から飛び降りる。

朝になりました。
ピョーン!
よし年神さまの家の前にいこう!
ウシくんお先に!

6 ネズミ、ウシを下げ、十二支カードを出して、広げていく。

後から続々と動物たちがやってきました。
ネズミ、ウシ、トラ、ウサギ、タツ、ヘビ、ウマ、ヒツジ、サル、トリ、イヌ、イノシシ。
着いた着いた。
ヨイショ!
ヨイショ!

7 全部広げたら、十二支カードを舞台に立て、年神さまを出す。

よしよし、これで12番まで決まったな。今年から頼むよ。
は～い!

8 年神さまと十二支カードを下げ、ネコを出し、辺りをうろうろしながら見渡す。

次の日、1月2日の朝になりました。何も知らないネコがやってきました。
あれ? だれもいない、おかしいな……。

9 ネズミを出し、ネコを裏返したと同時にネズミも裏返し追いかける。

あ～ネズミめ! だましたな!
この日からネコはネズミを追いかけるようになりました。
わ～

10 ネコ、ネズミを下げ、十二支カードを出し舞台に立て、子どもたちに呼びかけて締めくくる。

今年は何年《なにどし》かな?
みんなは何年《なにどし》生まれかな?

ちょこっと知識

十二支は古くから中国で使われてきたもので、漢字では順に子、丑、寅、卯、辰、巳、午、未、申、酉、戌、亥と書きます。難しい漢字をやさしく動物に置き換えて、本編のように覚えたとされています。

19 節分
「鬼は外、福は内」ってなあに？

節分の日には、豆まきをして、鬼を追い払い、福の神を迎えよう！

導入のことばがけなど 「豆を投げる時、『鬼は外、福は内』って言うのは、いったいなぜだか知っているかな？　クマ先生が教えてくれるよ」と始めましょう。

用意するもの

- メインキャラ（表）の型紙 P.65（ほかのキャラクターで演じてもOK）
- その他の型紙P.76（豆はP.67）

かんたん舞台

クマ先生
（裏はなし）
ウサギちゃん
（裏はなし）
鬼
（裏はなし）
福の神
（裏はなし）
豆
表
裏

1 クマ先生とウサギちゃんを出す。

2月3日は何の日かな？
知っているよ。節分！豆をまく日！

3 続けて話す。

そうね。では、なぜ「鬼は外」って言うのかな？
どうしてかなあ。

2 続けて話す。

豆をまくとき、何て言う？
鬼は外！福は内！って言うよ。

4 ウサギちゃんを一度舞台に立て、鬼を舞台に立ててから、ウサギちゃんを再び持つ。

1年の間にあった病気やけがやいやなことを鬼のせいにして、どこかに追い払うために言っているのよ。
へえ～。

アレンジ 8で「鬼は外、福は内！」と言う際に、保育者が「みんなでいっしょに言って、心の中の悪い鬼をやっつけよう」と子どもたちにことばがけをしてみましょう。みんなで元気よく「鬼は外、福は内！」と声を合わせると、場が盛り上がります。

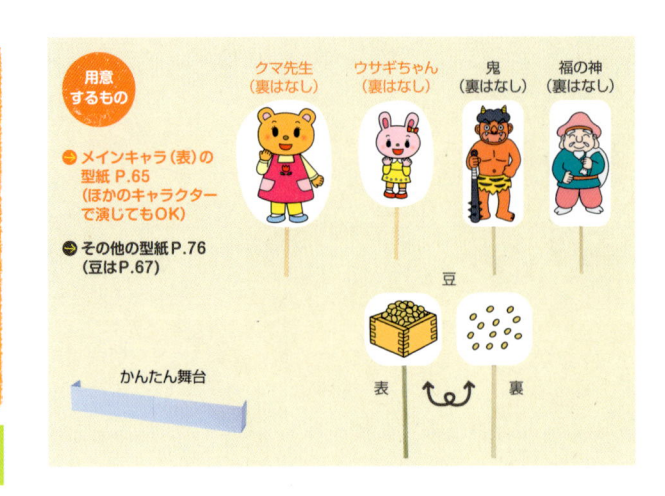

5 ウサギちゃんを一度舞台に立て、鬼を下げて、ウサギちゃんを持つ。

では、
なぜ「福は内」って
言うのかな？
知らないなあ。

6 ウサギちゃんを一度舞台に立て、福の神を出して、ウサギちゃんを再び持つ。

寒い冬が終わって暖かい春がきてね。そして「いいことをたくさん持ってきてね」と福の神にお願いするために言うのよ。
そうなんだね。

7 ウサギちゃんを舞台に立て、福の神を下げる。マスを出して、ウサギちゃんといっしょに持つ。

今から、「鬼は外、福は内」と元気よく言いながら豆をまきましょうね。
はーい！

8 クマ先生を舞台に立てる。鬼を舞台に立て、右手でマスを持ち、裏返しながら、豆を鬼に向かって動かす。2～3回繰り返す。

鬼は外！
福は内！

9 豆を下げ、逃げて行くように鬼を下げる。

泣き虫鬼も
おこりんぼ鬼も
バイバイ。
わあ、
逃げろ～。

10 福の神を舞台に立て、ウサギちゃんも舞台に立てる。クマ先生を持ち、締めくくる。

これで1年間、
だいじょうぶ！
福の神も
来てくれたわね。
めでたし、
めでたし……
おしまい！

ちょこっと知識

北東（丑寅《うしとら》の方角）に住むとされる鬼は、丑（ウシ）の角と寅（トラ）の牙を持つイメージになりました。
ヒイラギのトゲとイワシのにおいが苦手なため、焼いたイワシの頭をヒイラギの枝に刺す「やいかがし」を玄関先に飾ります。

20 節分 豆まきの豆のひみつ

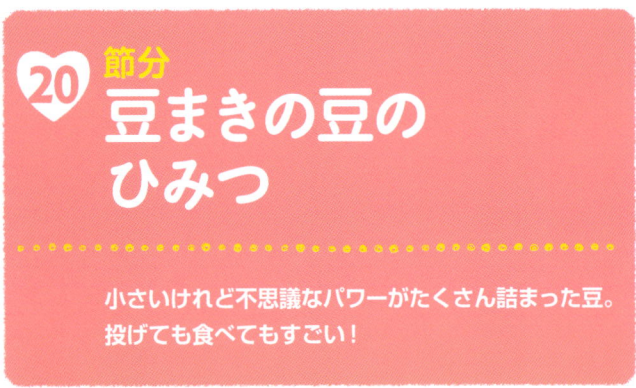

小さいけれど不思議なパワーがたくさん詰まった豆。投げても食べてもすごい！

導入のことばがけなど 「どんな豆を知っているかな？ 小豆、大豆、グリーンピース（エンドウマメ）。節分の豆は『大豆よ』。豆腐にもなるし、栄養満点！」と始めましょう。

用意するもの

➡メインキャラ（表）の型紙 P.65
➡その他の型紙P.76（豆はP.67）

クマ先生（裏はなし）
ウサギちゃん
イヌくん
表
裏
表
裏
豆
表
裏

かんたん舞台

1 イヌくん、ウサギちゃんを一方の手で持つ。豆（裏）を、動かしてまいているようにする。

鬼は外！ 福は内！
鬼は外！ 福は内！

2 豆を裏返して舞台の真ん中に立てる。イヌくんも舞台に立てて、クマ先生を出す。

元気な声で豆まきをしているわね。
そうなの！

3 クマ先生が質問をして、ウサギちゃんが答える。

節分にはどうして豆をまくか知ってる？
悪い鬼を追い払うの！

4 さらにクマ先生が質問をして、ウサギちゃんとイヌくんが答える。

そうね。豆には不思議な力があるのよ。みんなはどんな鬼を追い払ったのかな？
私は泣き虫鬼を追い払ったよ！
ぼくは好き嫌い鬼を追い払ったから何でも食べるよ！

アレンジ ❼で、「みんなは、豆をいくつ食べるのかな？」と聞いてみたり、❽では「いち、に、さん……」と豆の数を子どもたちといっしょに数えながら食べるまねをしたりするなど、演出を工夫してみましょう。地域によっては、年の数だけ食べるところもあります。

5 クマ先生の言葉にウサギちゃんが不思議そうに言う。

みんなしっかり豆まき
したからだいじょうぶね！
じゃあ、豆を食べましょう。
食べるの？

6 クマ先生が話す。

へえ〜。
そうよ。年の数より1つ多く食べて、1年間病気をしない強い体になりますように、とお願いするのよ。

7 クマ先生の質問にウサギちゃんとイヌくんが答える。

年の数より1つ多く食べましょう。ウサギちゃんは何歳かな？
5歳！だから6個ね。
ぼくは6歳だから7個だよ。

8 クマ先生を舞台に立ててイヌくんを持ち、2人で豆を食べる。

もぐもぐもぐ
もぐもぐもぐ

9 イヌくんとウサギちゃんを裏返し、元気モリモリのポーズをする。

これで元気モリモリ！
先生は何個食べるの？

10 イヌくんとウサギちゃんをいっしょに持ち、クマ先生を持って締めくくる。

先生は……い〜っぱいすぎて食べられるかな〜。
先生、おなかいっぱいになっちゃうね！

ちょこっと知識 昔、人々を苦しめていた鬼をこらしめるために、毘沙門天が「大豆で鬼の目を打て」と命じたことから、豆（魔目）が鬼を追い払う効果があるとされるようになりました。また、鬼が苦手な火で豆をいるともされています。

21 ひな祭り

ひな祭りってなぁに?

女の子の成長を祝うひな祭り。
どんな意味が込められているかな?

導入のことばがけなど 「お人形を飾るとうれしくなるね。ひな祭りは、みんなをうれしい気持ちにしてくれるよね」などと始めましょう。

用意するもの

➔ メインキャラ(表)の型紙 P.65

➔ ひな壇の型紙P.68
流しびなの型紙・
はり合わせ方はP.77

クマ先生
ウサギちゃん
(表はなし)
表
裏

ひな壇

流しびな

1 ひな壇を机に置き、クマ先生、ウサギちゃんを出す。

3月3日は
ひな祭り
ですね。
おひなさま
きれいだね。

2 クマ先生が話をする。

ひな祭りは桃の節句と
もいわれ、女の子の成
長をお祝いする日です。
真ん中に
桃の花があって
きれいだね。

3 クマ先生が、ひな人形に込められた願いを話す。

そうね。ひな人形を飾っ
て、元気に育ちますよう
にってお願いするのよ。
へえ〜。

4 以前のひな祭りについて話し始める。

みんなが生まれる
ず〜っと前からひ
な祭りはあるのよ。
ずっと
前から?

アレンジ 8 でひな人形の名前や持っている物を当てっこすると楽しくなるでしょう。園のひな人形を見に行ったり、きれいな着物に注目して絵を描いたりしてもいいですね。

5 クマ先生が後ろの紙をめくって前に持ってくる。

そうよ。昔は今と違って紙や草で作った人形に病気や悪いことを移して流していたのよ。

6 紙を後ろに戻す。

今はこうやって、女の子が元気に育ちますように。病気やけがから守ってくださいって願いを込めて飾るのよ。
人形が守ってくれるのかぁ。

7 名前のことにふれる。

いろんな姿をした人がいるでしょう。みんなお名前があるのよ。
お人形のお名前、知りたい！

8 クマ先生を裏返し、クマ先生が指し示しながら紹介していく。

いちばん上にいるのはおだいりさまとおひなさまよ。
きれいだね。

①
②
③
④

①おだいりさま　冠《かんむり》をかぶっています。
②おひなさま　十二単《じゅうにひとえ》を着ています。
③三人官女《さんにんかんじょ》　3人の女の人なので、さんにんかんじょといいます。
④五人《ごにん》ばやし　5人の人が楽器（おはやし）を演奏するので、ごにんばやしといいます。

9 クマ先生を表に返して、締めくくる。

みんなで楽しくお祝いしましょうね。
は～い！

※ひな人形の正式な並べ方は、各地方によって異なります。

ちょこっと知識　「桃の節句」ともいい、昔は貴族（公家）の間だけで行なわれていましたが、やがて広く大衆にも伝わり、江戸時代には女の子の節句とされるようになりました。三人官女は向かって左から、加之銚子《くわえのちょうし》・三方《さんぽう》・長柄銚子《ながえのちょうし》を持ち、五人ばやしは左から、太鼓《たいこ》・大鼓《おおつづみ》・小鼓《こつづみ》・笛《ふえ》・謡《うたい》の順です。

22 ひな祭り
ひしもちの色のひみつ

きれいな色のひしもちやひなあられ。
それぞれの色にも願いが込められているよ。

導入のことばがけなど
「ひな祭りの日に食べる物って、何か知ってる?」と子どもたちに聞き、少しずつヒントを出して、答えを引き出しましょう。

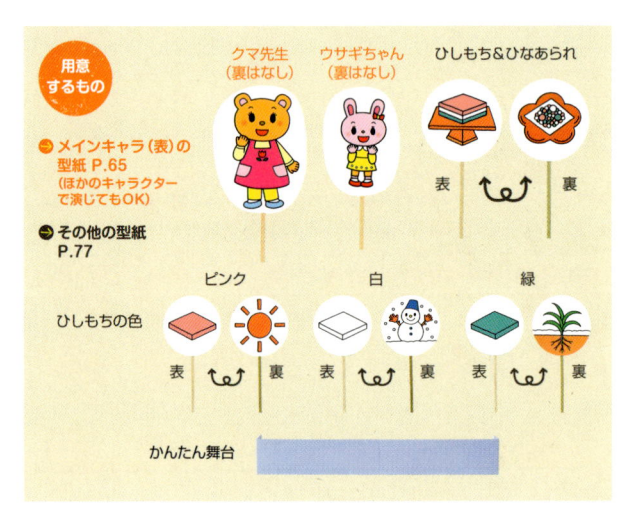

用意するもの

➡ メインキャラ(表)の型紙 P.65
(ほかのキャラクターで演じてもOK)

➡ その他の型紙 P.77

クマ先生
(裏はなし)
ウサギちゃん
(裏はなし)
ひしもち&ひなあられ
表
裏
ひしもちの色
ピンク
白
緑
表
裏
表
裏
表
裏
かんたん舞台

1 ひしもちを舞台の真ん中に立てておく。クマ先生とウサギちゃんを持つ。

さあ、今日のおやつは
ひしもちですよ。
わーい!
きれいな色だね。

2 クマ先生が話をする。

そうね。
この3つの色には
意味があるのよ。
どんな意味が
あるの?

3 ウサギちゃんを舞台に立て、ピンクのひしもちを出す。

一番上のピンクはね

4 ピンクのひしもちを裏返す。

太陽を
表しているの。

アレンジ 演じた後、色紙を切って紙皿などにはり、自分が好きなひなあられを作ってみると楽しいでしょう。ほかの子どもたちと見せ合いっこをして、「いいな」「おいしそう」などの会話につなげてみましょう。

5 太陽を下げ、白いひしもちを出す。

次の白色は……。

8 緑のひしもちを裏返す。

太陽と地面の力をもらって伸びようとする草の力を表しているの。

6 白いひしもちを裏返す。

雪。

9 草を下げ、ひしもちを持って裏返す。

そしてひしもちが固くなり、割っていったものが**ひなあられ**。

7 雪を下げ、緑のひしもちを出す。

一番下の緑は……。

10 ひなあられを舞台の真ん中に立て、ウサギちゃんを持つ。クマ先生と話をして、締めくくる。

どちらも元気に過ごせますようにという願いが込められているのよ。
いっぱい食べなきゃね！

ちょこっと知識 ひなあられにはいろいろな説があります。いっしょに出される白酒やハマグリのお吸い物にもいわれがあります。「白酒」…魔よけの力があるとされています。「ハマグリのお吸物」…対の貝殻がぴったりと合うことから、「夫婦仲よく」の意味が込められています。

第3章 お約束・生活習慣・避難訓練・食育など 年中使いたいペープサートシアター

毎日の手洗い・うがいの生活習慣、毎月の避難訓練や身体計測も
ペープサートシアターで楽しく伝えられます。

※第３章は、場面の写真の代わりに、絵人形のマークでセリフを示しているところがあります。

1 あいさつ 「かして」「ありがとう」

「かして」「ありがとう」は魔法の言葉。勇気を出して言ってみると、ほら、楽しく遊べるよ。

導入のことばがけなど　「お友達がお外に出てきましたよ。みんな何をして遊ぶのかな？」と始めてみましょう。

用意するもの

➡ メインキャラ（表）の型紙 P.65

➡ ネズミくんの裏の型紙 P.69
その他の型紙 P.78

クマ先生
（裏はなし）
イヌちゃん
ウサギくん
ネズミくん
表
表
表
裏
裏
裏
かんたん舞台

1 イヌちゃんとウサギくんを出す。

イヌちゃん　ウサギくん、三輪車に乗ろうよ！

ウサギくん　うん！！

2 イヌちゃんとウサギくんを裏返し、三輪車で遊んでいるように、上手《かみて》から下手《しもて》にゆっくり向かいながら、舞台の真ん中で止める。

楽しいね！

3 イヌちゃんとウサギくんを舞台に立て、クマ先生とネズミくんを出す。

ネズミくん、どうしたの？
いいなあ、ぼくも三輪車に乗りたいな。
そんなときは「かして」っていうのよ。

4 クマ先生を舞台に立て、ネズミくんを右手に持ち、ウサギくんを左手に持つ。

ウサギくん、
三輪車かして。
うーん、ぼく、
まだ乗りたい。

5 ウサギくんを舞台に立て、イヌちゃんを手に持つ。
ネズミくんを上下に飛び跳ねているように動かして喜ぶ。

わたしが
かしてあげるよ。
イヌちゃん、
ありがとう。

6 イヌちゃんを表にし、舞台に立てる。ネズミくんを裏返す。
ウサギくんを手に持ち、上手《かみて》から下手《しもて》へゆっくり向かう。

わーい!
楽しいな。
よかった。

7 ネズミくん、ウサギくんを舞台に立てる。
クマ先生を持ち、子どもたちに呼びかけて、締めくくる。

みんなも、おもちゃが欲しいときは、
「かして」って言葉を言ってね。
そしてかしてもらったら、
「ありがとう」の言葉を
相手に伝えることも忘れないでね。

アレンジ 子どもたちの身近なおもちゃを絵人形にして出してもいいでしょう。
3 で子どもたちに「ネズミくんは何て言ったらいいのかな?」と問いかけてもいいですね。

2 はじめての身体計測

身長、体重、元気な体！

初めての身体計測はちょっと怖いな…。でも、だいじょうぶ！　イヌくんがやり方を楽しく教えるよ！

導入のことばかけなど　「背が高くなったかな？」「いっぱい食べて大きくなったかな？　調べてみようね」と、体のことに興味を向けて始めましょう。

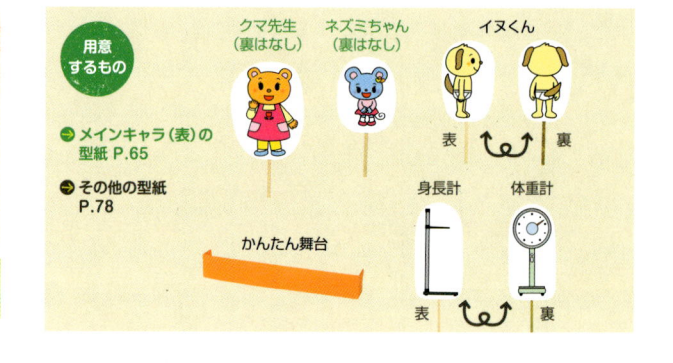

用意するもの

➡ メインキャラ（表）の型紙 P.65
➡ その他の型紙 P.78

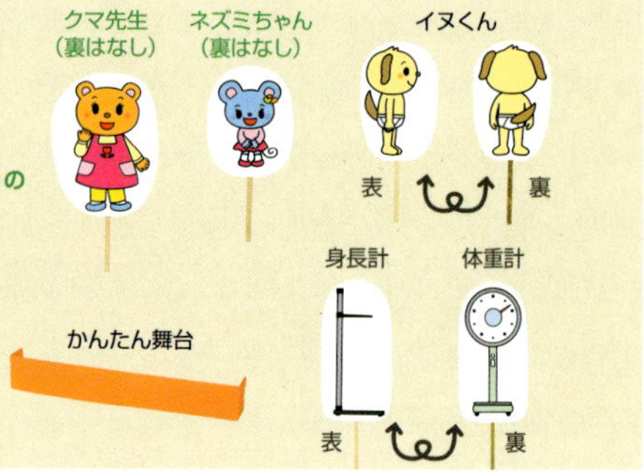
クマ先生
（裏はなし）
ネズミちゃん
（裏はなし）
イヌくん
表
裏
かんたん舞台
身長計
体重計
表
裏

1　身長計を舞台の真ん中に立てておき、クマ先生を出す。

クマ先生：今日は年少組の身体計測をします。

2　ネズミちゃんを出す。

ネズミちゃん：身体計測って、なあに？

クマ先生：どれだけ大きくなったかなって機械を使って測るの。背がどれだけ伸びたかなっていう「しんちょう」と、そして、体がどれだけ重くなったかなっていう「たいじゅう」をクマ先生といっしょに見てみようね。じゃあ、イヌくん、お手本を見せてあげて。どんなふうにするのか、よーく見ておいてね。

3　ネズミちゃんとクマ先生を立て、イヌくんを出す。
イヌくんを身長計にぴったり合わせる。

身長計に乗ったら、棒に背中をぴったりつけて、足のかかともぴったりつけようね！　足から頭までの背の高さを測りますよ。
はい。身長計に乗りまーす。

4　身長計を裏返して、体重計にし、イヌくんも裏返す。

クマ先生：次は「たいじゅう」を量る体重計ですね。

イヌくん：ゆっくり乗ります。

5　イヌくんをゆっくり体重計に乗せる。

そうね。機械がびっくりするので、ゆっくり片方ずつ足を乗せます。その後は動かないでじっとしていてね。
ゆっくり
ゆっくり
降りるときも、ゆっくり足を下ろすんだよね。

イヌくん体重計からゆっくり降ろす。

6　イヌくんを表にし舞台に立て、クマ先生とネズミくんを持つ。

クマ先生：ネズミちゃん、わかりましたか？

ネズミちゃん：よくわかりました！

クマ先生：みんなもよくわかったかな？　これからもいっぱい遊んで、いっぱい食べて、元気に大きくなろうね！

アレンジ　演じた後、ぬいぐるみを実物の身長計・体重計に乗せたり、実際に保育者が手本を見せると、よりわかりやすく、初めての身長計・体重計にも不安は和らぎます。

3

はじめての健康診断

目、耳、鼻、健康な体！

目をじっと見るよ、耳をこちょこちょこするよ。みんなの健康を守るお医者さんに診《み》てもらおうね。

導入のことばがけなど

白い服を着た知らない先生に不安そうな子どもには「ウサギちゃんも、がんばって診てもらうよ。いっしょに応援してね」とことばがけをしましょう。

用意するもの

➡ メインキャラ（表）の型紙 P.65

➡ その他の型紙 P.78

クマ先生
（裏はなし）
ウサギちゃん
表
裏
目のお医者さん
（キリン先生）
（裏はなし）
耳・鼻のお医者さん
（カバ先生）
（裏はなし）

かんたん舞台

1 ウサギちゃんとクマ先生を出す。

ウサギちゃん：先生、今日はいっぱいお医者さんが来るんでしょ。

クマ先生：そうよ、目のお医者さんと、耳・鼻のお医者さんが来られますよ。目や耳・鼻が病気になっていないか診てもらうの。

2 ウサギちゃんが質問する。

ウサギちゃん：怖くな〜い？

クマ先生：心配しないで。お医者さんの言うことを聞いて、じっとしていれば、10数えるくらいで終わるのよ。じゃあ、先生といっしょにまず、目のお医者さんのところへ行きましょう。

ウサギちゃんとクマ先生をとことこ歩いて行くように上手《かみて》に向かわせる。

3 クマ先生を舞台の下手《しもて》に立て、目のお医者さん（キリン先生）を出す。ウサギちゃんをおじぎさせた後、キリン先生のセリフに合わせて上下に動かす。

お願いします。
はい、目を見せてね。上向いて、下向いて、いいですよ。

ウサギちゃん：ありがとうございました。

ウサギちゃんをおじぎさせる。

4 キリン先生を下げ、ウサギちゃんを一方の手に持ち替えて、クマ先生を持つ。

クマ先生：じゃあ、次は、耳と鼻を診てもらいに行きましょう。

ウサギちゃんを一度舞台に立て、耳・鼻のお医者さん（カバ先生）を出して舞台に立てる。ウサギちゃんを持って裏返す。

病気がないか、お医者さんに診てもらうことは、とても大切なことなの。横向いて、耳をこちょこちょっとしたら終わりよ。がんばってみよう！
怖いよ、エーン。

5 クマ先生を舞台に立て、ウサギちゃんを一方の手に持ち替えて、カバ先生を持つ。

ウサギちゃん：お願いします。

耳・鼻のお医者さん：横向いたらすぐ終わるからね。

ウサギちゃんの耳をこちょこちょするようにカバ先生を動かす。
ウサギちゃんを表にし、おじぎさせる。

ウサギちゃん：ありがとうございました。

6 カバ先生を下げ、クマ先生を持つ。

クマ先生：ウサギちゃん、よくできましたね。みんなもできるよね。病気が見つかったときは早く治して元気に遊べるようにしましょうね！

アレンジ ❹で、ウサギちゃんががんばれるように、みんなでいっしょに「10」を数えてみましょう。お医者さんの絵人形を使って、健診のごっこ遊びをしてみてもいいですね。

4 避難訓練の基本 「お・は・し」のお約束

火事、地震のときの大切なお約束「お・は・し」。みんなは守れるかな？

導入のことばがけなど

避難訓練前に演じて、子どもの不安を少しでも和らげましょう。「クマ先生が大切なお話があるんだって。静かに聞きましょうね」と、始めましょう。

用意するもの

➔メインキャラ（表）の型紙 P.65
➔その他の型紙 P.78

クマ先生（裏はなし）
ネズミちゃん（裏はなし）
イヌちゃん（裏はなし）
「お・は・し」カード
かんたん舞台

1 クマ先生とネズミちゃんを出す。イヌちゃんを舞台に立てておく。

クマ先生：今日は避難訓練の話をします。

ネズミちゃん：避難訓練って何？

クマ先生：園で火事や地震が起きたとき、どうやって逃げるかの練習よ。

ネズミちゃん：火事、怖いよー。地震もいやだ。

2 ネズミちゃんを立て、イヌちゃんを持つ。

だいじょうぶ。落ち着いて逃げるための練習だからね。
わたしは何回も練習しているから、だいじょうぶ。

3 クマ先生を左右に揺らしながら。

クマ先生：じゃあ、避難訓練の約束を聞いてみましょう。非常ベルが鳴って、先生のところに集まり、すぐ逃げるとき、どんなことに気をつけたらいいでしょうか？

4 イヌちゃんを舞台に立て、「お・は・し」カードを出す。巻き込んだ１面の友達を押してる絵を見せる。

「お・は・し」の大事な約束です。わかるかな？「お・は・し」の「お」は？
友達をおさない。
そうね。よく覚えていましたね。早く逃げるために、友達を押したら、転んでけがをしたり逃げ遅れたりするわね。

5 「お・は・し」カードの2面の走っている絵を見せて、舞台に立てる。

じゃあ、「お・は・し」の「は」は?
はしらない。
そのとおり! 正解です! みんながいっせいに走ると、転んでけがをしてとても危ないわね。

6 「お・は・し」カードの3面のしゃべっている絵を見せて、舞台に立てる。クマ先生とイヌちゃんを手に持つ。

じゃあ、最後!
「お・は・し」の「し」は?
しゃべらない。
そう、すごいね! 話をしていて逃げ遅れたり、違うところに避難したりしていたらたいへんですね。

7 イヌちゃんを舞台に立てる。

「おさない」と言ったら、クマ先生を「お・は・し」カードの1面の後ろに、「はしらない」は2面に、「しゃべらない」は3面の後ろに当てながら、確認をしていく。

避難訓練の約束、「お・は・し」とちゃんと覚えておいてね。
じゃあ、最後におさらい。
「お・は・し」は
「おさない」、
「はしらない」、
「しゃべらない」です。
○○組のみんなも覚えてね。
お・は・し!

アレンジ 4で「友達を押さない」を、みんなで声を出して繰り返すと、より意識的に覚えられるでしょう(5、6も同様)。何度も繰り返し演じて、子どもたちが意識して動けるようにしましょう。

5 食べ物のお話（食育）
バランスよく食べよう！ 3つの色のお皿大変身！

赤、黄、緑のお皿の食べ物をバランスよく食べると元気いっぱい、健康な体になるよ！

導入のことばがけなど 「ごはんを食べると元気いっぱい！　でも、同じ物ばかり食べていちゃダメなんだよ。3つのお皿が食べ物のお話をしてくれます」と、始めましょう。

用意するもの

➔メインキャラ（表）の型紙 P.65
➔その他の型紙 P.79

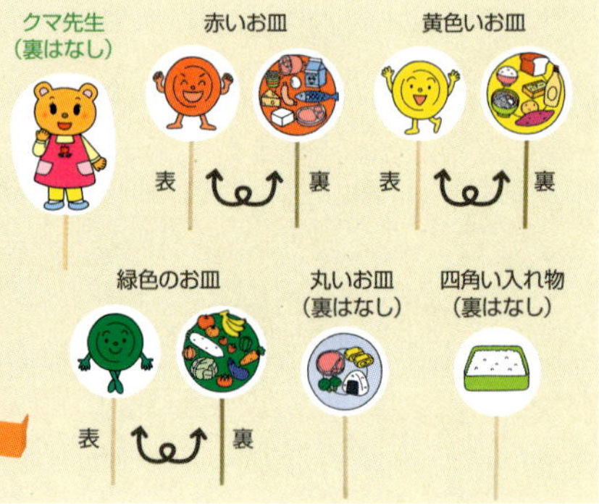
クマ先生
（裏はなし）
赤いお皿
黄色いお皿
表
裏
表
裏
緑色のお皿
丸いお皿
（裏はなし）
四角い入れ物
（裏はなし）
かんたん舞台
表
裏

1 赤いお皿、黄色いお皿、緑色のお皿を出す。元気に自己紹介をする。

赤いお皿：ぼくは、赤いお皿です！　よろしくね。今日はぼくたちが食べ物のお話をするよ。

黄色いお皿：わたしは、黄色いお皿です！　よろしくね。わたしたち、3つの色のバランスが取れているかな？

緑色のお皿：ぼくは緑色のお皿だよ！　よろしくね。どんなお話か、楽しみだね。

話をした後、3枚のお皿を下げる。

2 丸いお皿、四角い入れ物を舞台の真ん中に立て、クマ先生を持つ。

おいしそうね！
いただきます！
パクパク……
パクパク……。

3 クマ先生を舞台に立てる。3枚のお皿を順番に出す。

赤いお皿：丸いお皿には卵があるし、ハムもある。

黄色いお皿：おにぎりもあるし、ブロッコリーもあるね。

緑色のお皿：四角い入れ物は、白いごはんだね。

4 3のときより、声を低くして残念そうに演じる。

野菜がない、
果物もない。
四角い入れ物には、
お肉がないよ。
白いごはんだけ
でさみしいね。

5 丸いお皿と四角い入れ物を下げ、3つの色のお皿を、順番に出して元気よく話す。

赤いお皿

そんなときは、ぼくたちにお任せ！

黄色いお皿

わたしたちは栄養満点3色お皿です。
わたしたちが教えてあげるわ。

緑色のお皿

四角い入れ物にも、ぼくたち3つのお皿の食べ物が入っていれば、バランスよく食べられるよ。

6 赤いお皿を右手に持ち、セリフを言った後、「変身！」で裏返す（牛肉・牛乳・納豆・魚・豆腐・豆類・乳製品・卵・ハムが描かれている）。

ぼくは血や肉、骨や歯など体を作ることができるんだ。
「変身！」

7 赤いお皿を裏返したまま、舞台に立てる。黄色いお皿を右手で持ち、セリフを言った後、「変身！」で裏返す（ごはん・めん類・イモ類・油脂類が描かれている）。

わたしはエネルギー。熱や力で体を動かすもとになっているの。「変身！」

8 黄色のお皿を裏返したまま、舞台に立てる。緑色のお皿を右手で持ち、セリフを言った後、「変身！」で裏返す（野菜・果物が描かれている（海藻を入れるならここ））。

ぼくは病気から体を守ってあげているんだ。
「大変身！」

9 緑色のお皿を裏返したまま、舞台に立てる。

みんなもお弁当や給食、家でごはんを食べるときに、栄養満点三色お皿が入っているか、考えてみてね。

アレンジ 6 7 8で、それぞれのお皿に何が描かれているのか子どもたちに言ってもらい、おさらいしてみましょう。10の後に、「今日の給食に入っていた物は何かな？」と、それぞれのお皿の中の物を見てもいいでしょう。色画用紙を丸く切った3色のお皿に、絵を描くのも楽しいですね。

6 生活習慣 手洗い

バイ菌が見える、クマ先生の魔法の虫めがね。外から帰ってきたネズミくんの手をのぞいてみると…。

導入のことばがけなど 「さて、問題。外から帰ってきたら、必ずすることは何でしょう？　あっ、ネズミくんが帰ってきたよ。ネズミくんはどうするかな？」と、始めましょう。

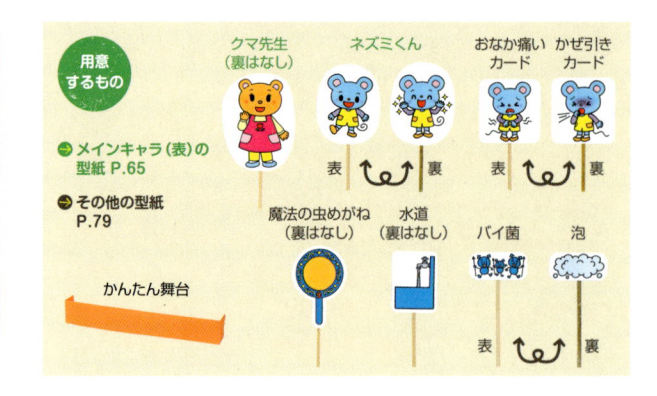

用意するもの

➡メインキャラ（表）の型紙 P.65
➡その他の型紙 P.79

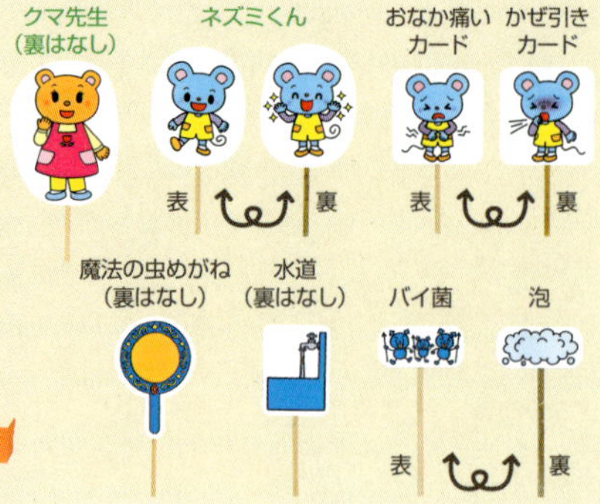
クマ先生
（裏はなし）
ネズミくん
表
裏
おなか痛い
カード
かぜ引き
カード
表
裏
魔法の虫めがね
（裏はなし）
水道
（裏はなし）
バイ菌
泡
表
裏

かんたん舞台

1

クマ先生、ネズミくんを出す。

ネズミくん　外でいっぱい遊んで楽しかったなあ。お茶を飲もう！

クマ先生　あら？　ネズミくん。うがいと手洗いしたの？

ネズミくん　していないよ。

2

ネズミくんを舞台に立て、「おなか痛いカード」を出し、次に裏返して「かぜ引きカード」にする。

バイ菌の付いた手でごはんを食べると、バイ菌ごと飲み込んで、おなかが痛くなるのよ。のどのバイ菌も体の中に入ると、かぜを引いたり、熱が出たりして病気になってしまうわ。

3

「おなか痛い（かぜ引き）カード」を下げ、ネズミくんを持つ。

先生、魔法の虫めがねを持っているの。見てみようかな。
いいよ。

4

魔法の虫めがねを出して、ネズミくんをのぞく。

あっ、たいへん！右手にも左手にもバイ菌が見えるよ。

5 クマ先生と魔法の虫めがねを舞台に立て、ネズミくんを持って、バイ菌をネズミくんの手元に付ける。

えっ、本当?
すぐにうがいと
手洗いをしなきゃ。

6 ネズミくんとバイ菌をいっしょに持ち、水道を舞台に立てる。バイ菌を裏返して、泡にし、動かす。

せっけんを付けて、
ゴシゴシゴシ!
指の間もつめの先も
ゴシゴシゴシ!

7 泡を表に返してバイ菌にし、ネズミくんを傾けてうがいのしぐさをする。

お口の中にもバイ菌がいるかも。水を口の中に入れて、
ガラガラ、
ペッ。

8 バイ菌を下げて、ネズミくんを裏返す。

じょうずにできました。きれいになったからお茶を飲みましょうね!
わあ、
ピカピカ。

アレンジ 8の後、「さ～て、みんなはきちんと洗っているかな?」と、魔法の虫めがねで子どもたちの手をのぞいてみましょう。子どもたちが楽しく手洗いができるように、毎日の手洗いのチェックに小道具として使ってもいいですね。

7 生活習慣
ブクブクうがいとガラガラうがい

「ブクブク、ペッ」と「ガラガラ、ペッ」うがいは2種類あるよ。ウサギちゃんとイヌくんが教えてくれるよ。

導入のことばがけなど　「うがいは、みんなが元気でいるために大切なんだよ。ネズミちゃんといっしょに教わろうね」と言って始めましょう。

用意するもの

➔メインキャラ（表）の型紙 P.65
➔その他の型紙 P.79

ウサギちゃん（裏はなし）
イヌくん（裏はなし）
ネズミくん（裏はなし）
コップ
表
裏
かんたん舞台
ブクブクうがい
表
裏
ガラガラうがい（裏はなし）

1　イヌくん、ウサギちゃん、ネズミちゃんを出す。

イヌくん：ブクブクうがいとガラガラうがいの違いを知っている？

ウサギちゃん：もちろん、知っているわよ。

ネズミちゃん：わたし、わからない。教えて。

2　ネズミちゃんとイヌくんを舞台に立てる。
コップを出し、ウサギちゃんの口元に近づけた後、コップを下げてウサギちゃんを舞台に立てる。
「ブクブクうがい」を持ち、表、裏、表、裏と繰り返す。

ブクブクは口の中に水を入れて、右左右左って水を動かして口の中で口の中のゴミを取ってきれいにするのよ。
ブクブク、ペッ。

ブクブク
ペッ

ごはんやおやつを食べた後などにするのよ。

「ペッ」で「ブクブクうがい」を前に倒して、下げる。

3　ウサギちゃんを舞台に立て、イヌくんを持つ。コップを口元に近づけた後、コップを下げ、イヌくんを舞台に立てて「ガラガラうがい」を持つ。

ガラガラは、水を口の中に入れて上を向くんだよ。口を開けたままガラガラと声を出して、のどに付いているバイ菌を出してきれいにするんだよ。
ガラガラ、ペッ。

ガラガラ
ペッ

外から帰ったときや遊んだ後、ごはんの前にするんだよ。

「ペッ」で「ガラガラうがい」を前に倒して、下げる。

4　イヌくんを舞台に立て、ネズミくんを持つ。

ネズミちゃん：「ブクブク、ペッ」と「ガラガラ、ペッ」ね。よくわかったわ。みんなもいっしょにやってみようね！

2、3を繰り返す。

ウサギちゃん：コップの水を口に入れて、ブクブクブク。

イヌくん：次は上を向いて、ガラガラガラ。

ネズミちゃん　ウサギちゃん　イヌくん：みんな、きれいになりました。

アレンジ　2 3で、ウサギちゃん、イヌくんのまねをして、子どもたちもいっしょに初めは水なしで練習してみましょう。

コピーして使える！

便利な型紙

［型紙の使い方］

- 本書で紹介している絵人形の型紙です。あらかじめ、原寸でコピーし、必要な絵人形を切り分けてから、拡大するとむだがありません。
- 本書では、かんたん舞台（高さ9㎝×幅63㎝：作り方P.6）を使用しています。型紙を400%（200%を2回、拡大コピーする）に拡大すると、ちょうどよい大きさになります。絵人形からはみ出す、竹ぐし（割りばし）の長さは9㎝にするとよいでしょう。そのほかの長さのものは、各ページに記入しています。演じる場面に合わせて、型紙の拡大率や竹ぐしの長さを調整してご使用ください。
- 絵人形以外の小道具の作り方も紹介しています。
- 絵人形の基本の作り方やかんたん舞台の作り方はP.6～7をご覧ください。

● 第1章～第3章 共通

メインキャラクター

※もっとも登場回数の多い、7キャラクターです。
裏面に様々な表情の絵人形をはって、各章の各作品で演じます。

▲ クマ先生

▼ ネズミくん

▼ ネズミちゃん

▼ イヌくん

▼ ウサギくん

▼ ウサギちゃん

▼ イヌちゃん

● その他の型紙

第1章 P.8 ① 新学期 お返事ハイ！

◀ ネズミくん〈裏〉

※表面はこのページの上のネズミくんをはってください。

第1章 P.9 ② こどもの日 ニョキニョキこいのぼり

※こいのぼりはP.66に掲載。

◀ 家

第1章 P.9 ② こどもの日 ニョキニョキこいのぼり

※ウサギくんは、P.65に掲載（ほかのキャラでもOK）。※家はP.65に掲載。

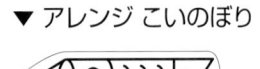

▶ 矢車

◀ 吹き流し

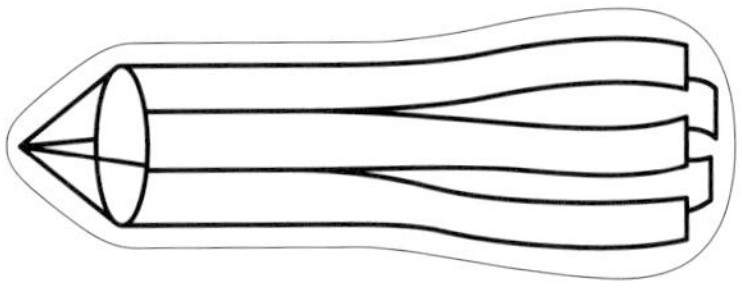

◀ こいのぼり

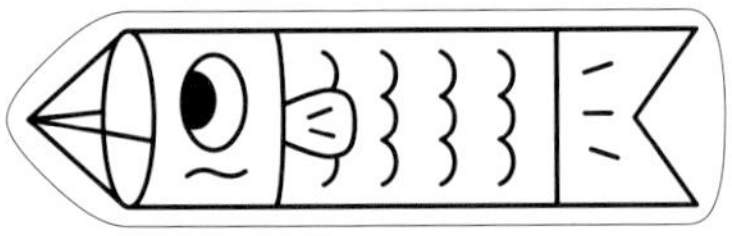

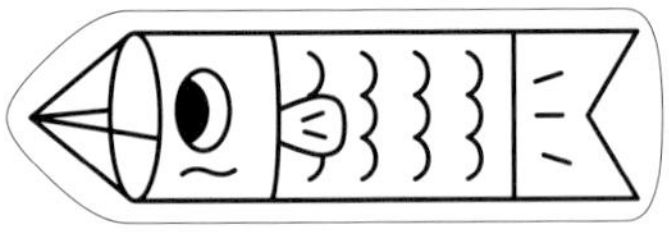

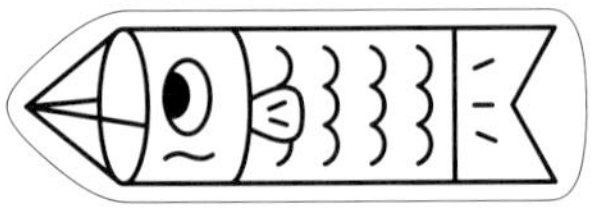

▼ アレンジ こいのぼり

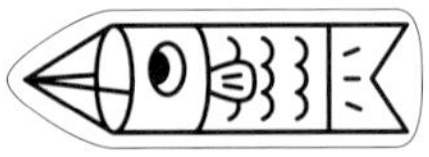

アレンジ

P.9で紹介しているのは、上から3匹までですが、竹ぐし（割りばし）を長くし、子どものこいのぼりを増やすと楽しいでしょう。

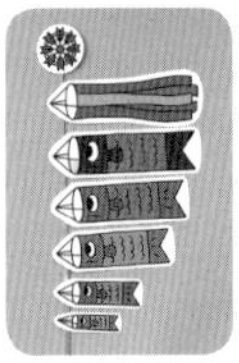

第1章 P.10 ③ 虫歯予防デー 歯みがき シュッシュッシュッ

※イヌちゃんは、P.65に掲載（ほかのキャラでもOK）。

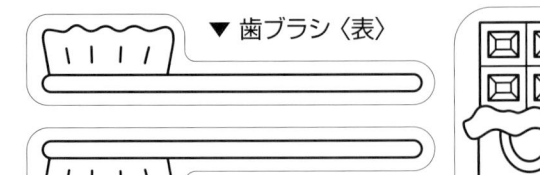

▼ 歯ブラシ〈表〉

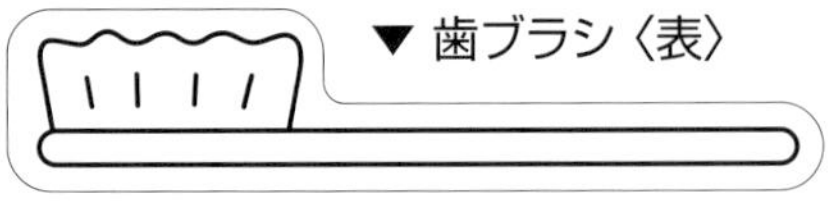

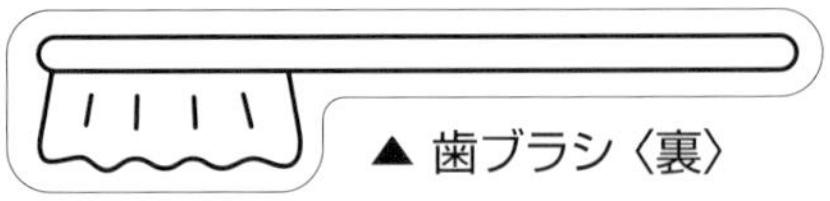

▲ 歯ブラシ〈裏〉

▲ チョコレート

▶ ワニさん〈表〉

▶ ワニさん〈裏〉

第1章 P.11 ④ 夏の遊び 水遊びをしよう

※ネズミちゃんは、P.65に掲載（ほかのキャラでもOK）。

◀ 水でっぽう〈表〉

◀ 水でっぽう〈裏〉

▼ バケツ

第1章 P.12 ⑤ 七夕 お星さま キラキラ

※ウサギちゃんは、P.65に掲載（ほかのキャラでもOK）。

▶ 星

※星は表を黄色画用紙で、裏を金色折り紙で作る。
※星の竹ぐし（割りばし）は、型紙から14㎝出す。

第1章 P.13 ⑥ 秋 ドングリころがるよ

※山と池は、P.67に掲載。

▼ ドジョウ

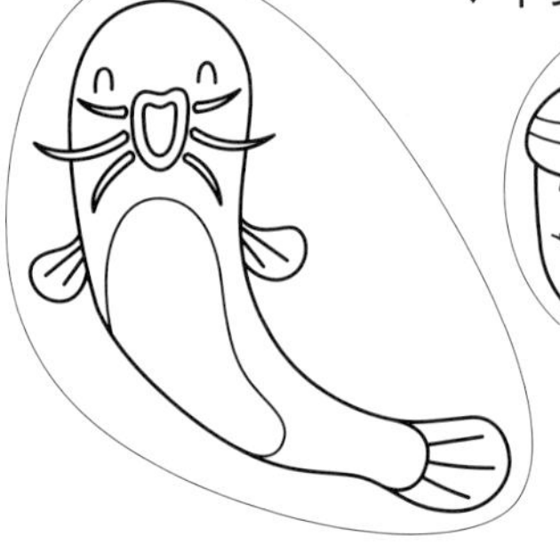

▼ ドングリ〈表〉

▼ ドングリ〈裏〉

● 本書では、かんたん舞台（高さ9㎝×幅63㎝：作り方P.6）を使用しています。型紙を400%（200%を2回、拡大コピーする）に拡大すると、ちょうどよい大きさになります。絵人形からはみ出す、竹ぐし（割りばし）の長さは9㎝にするとよいでしょう。そのほかの長さのものは、各ページに記入しています。演じる場面に合わせて、型紙の拡大率や竹ぐしの長さを調整してご使用ください。

第1章 P.13 ⑥ 秋 ドングリころがるよ

※目安の拡大率は800%（400%に拡大した後、さらに200%に拡大する）

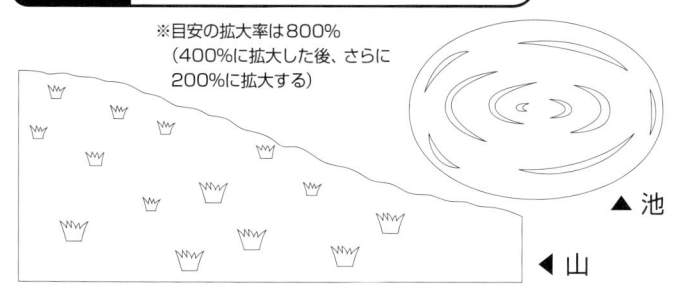

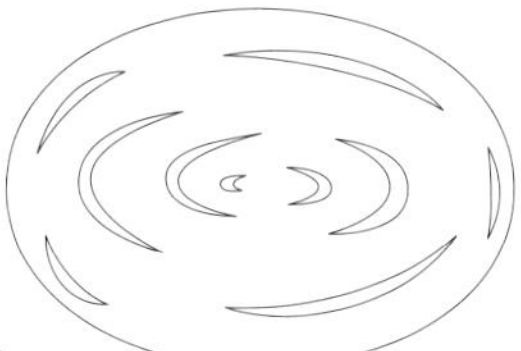

▲池

◀山

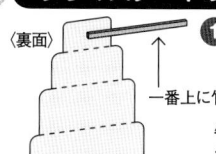

山&池の固定の仕方

牛乳パック（1000mℓ）を3本使い、台を作って山と池をはり付けて固定する。

〈裏面〉

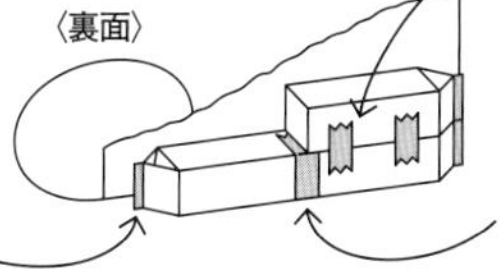

牛乳パックの口をあらかじめクラフトテープで閉じてしっかり留めておくと、安定する。

上段、下段をクラフトテープでしっかりはり付ける。

2本の牛乳パックの底面をクラフトテープでしっかりはり合わせる。

第1章 P.14 ⑦ クリスマス クリスマスパーティー!!

▶クリスマスケーキ

※クリスマスケーキの竹ぐし（割りばし）は、型紙から19cm出す。

※イヌくん、ネズミちゃん、ウサギちゃんは、P.65に掲載（ほかのキャラでもOK）。

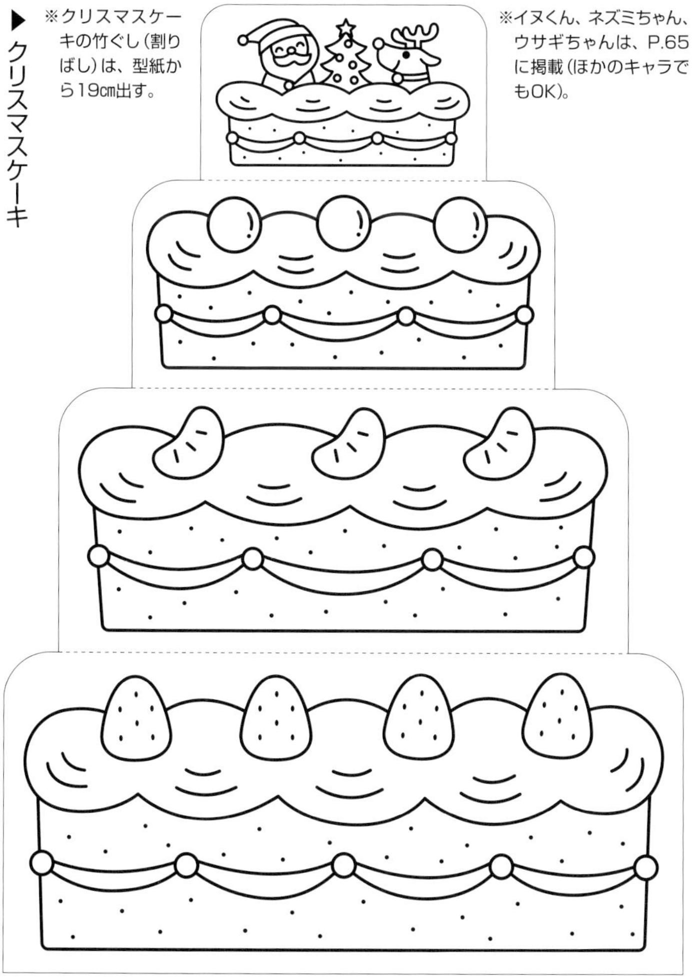

クリマスケーキの固定の仕方

〈裏面〉

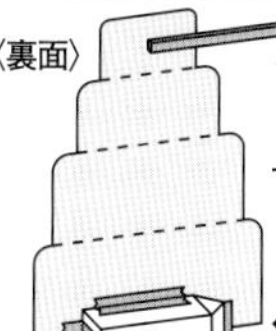

一番上に竹ぐし（割りばし）をはり付ける。

❶ 牛乳パック（1000mℓ）を裏からはり付けて固定する。

❷ 上から巻き込んでおく。

牛乳パックの口をあらかじめクラフトテープで閉じてしっかり留めておくと、安定する。

第1章 P.15 ⑧ お正月 たこをあげよう!

たこ糸の付け方

たこの両肩、胸部分の3か所に穴をあけ、短い3本を糸をそれぞれ通し、裏側で玉結びをする。表面に引っぱり出したら、3本の糸をひとつにまとめ、長い糸でつなぐ。

▼たこ

※脚は裏側にスズランテープ2本はり付ける。

※ネズミくんは、P.65（表）とP.66の「お返事ハイ」（裏）をはり合わせ、右側にあらかじめ切り込みを入れておく。たこをあげるときは、切り込み部分に糸を引っ掛ける。

第1章 P.16 ⑨ 節分 豆まき、えいっ!

▶鬼

※ウサギちゃんは、P.65に掲載（ほかのキャラでもOK）。

※鬼の目の中央を切り取る。

▶豆〈表〉

▶豆〈裏〉

※豆の竹ぐし（割りばし）は、型紙から14cm出す。

鬼のお面の作り方

頭のサイズに合わせて切った厚紙の両端を折り、輪ゴムをはさんで、ホッチキスで留める。

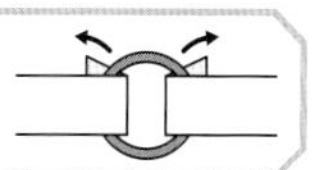

● 本書では、かんたん舞台（高さ9cm×幅63cm：作り方P.6）を使用しています。型紙を400%（200%を2回、拡大コピーする）に拡大すると、ちょうどよい大きさになります。絵人形からはみ出す、竹ぐし（割りばし）の長さは9cmにするとよいでしょう。そのほかの長さのものは、各ページに記入しています。演じる場面に合わせて、型紙の拡大率や竹ぐしの長さを調整してください。

第1章 P.17 ⑩ ひな祭り おひなさまに変身！

ひな壇の固定の仕方

牛乳パックを裏からはり付けて固定する（P.67「クリスマスケーキ」の固定の仕方参照）。

▼ ネズミちゃん〈裏〉

※表面はP.65のネズミちゃんとネズミくんをはってください。

▶ ネズミくん〈裏〉

◀ ひな壇

第2章 P.18 ① 入園・進級 ○○先生です。よろしくね！

◀ クマ先生〈裏〉

※表面はP.65のクマ先生をはってください。

▼ 自己紹介絵人形〈表〉

◀ 自己紹介絵人形〈裏〉

第2章 P.19 ② 入園・進級 友達いっぱいよろしくね！

※表面はP.65のそれぞれのキャラクターをはってください。

▲ ネズミくん〈裏〉

▲ ウサギくん〈裏〉

▲ イヌくん〈裏〉

▲ ネズミちゃん〈裏〉

▲ ウサギちゃん〈裏〉

▲ イヌちゃん〈裏〉

● 本書では、かんたん舞台（高さ9㎝×幅63㎝：作り方P.6）を使用しています。型紙を400％（200％を2回、拡大コピーする）に拡大すると、ちょうどよい大きさになります。絵人形からはみ出す、竹ぐし（割りばし）の長さは9㎝にするとよいでしょう。そのほかの長さのものは、各ページに記入しています。演じる場面に合わせて、型紙の拡大率や竹ぐしの長さを調整してご使用ください。

第2章 P.20　3 入園・進級 忘れ物ないかな?

※家はP.65に掲載。

▼ カバン

▼ 帽子

▼ 靴

▲ ウサギくん〈表〉

▲ ウサギくん〈裏〉

第2章 P.21　4 入園・進級 おにいさん・おねさんになったよ!

※仲よしカードの竹ぐし(割りばし)は、型紙から10cm出す。

▶ 仲よしカード(1枚目)

▶ 仲よしカード(2枚目)

▶ 仲よしカード(3枚目)

仲よしカードのまとめ方

仲よしカードに穴をあけ、市販のリングを通し3枚をまとめる。

3枚目のカードの裏に竹ぐし(割りばし)をはる

第2章 P.22~23　5 こどもの日 こいのぼりのひみつ

※クマ先生、ウサギくん、イヌちゃんは、P.65に掲載(ほかのキャラでもOK)。
※こいのぼりはP.66に掲載。

◀ コイ&竜〈表〉

▶ コイ&竜〈裏〉

第2章 P.24　6 こどもの日 かしわもち&ちまき

※クマ先生、ネズミちゃん、イヌくんは、P.65に掲載。

▶ かしわもち〈表〉

※かしわもちとちまきの竹ぐし(割りばし)は、型紙から14cm出す。

▼ ちまき

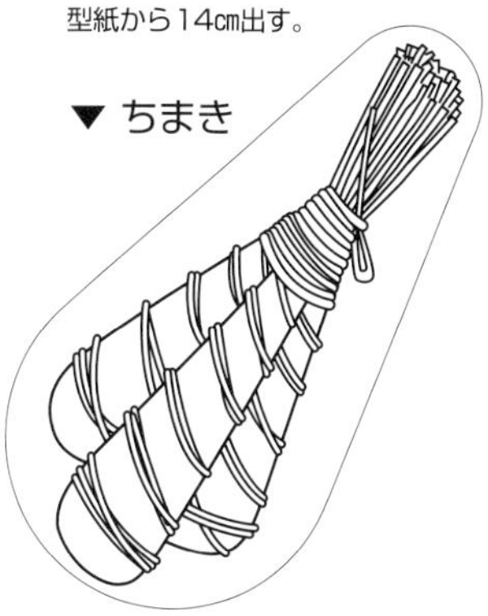

▶ かしわもち〈裏〉

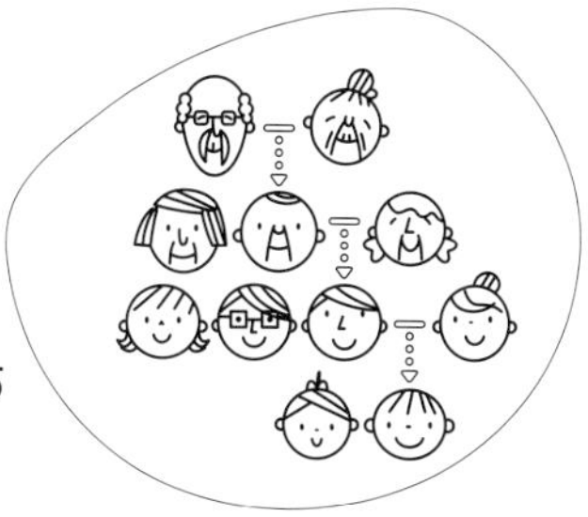

● 本書では、かんたん舞台(高さ9cm×幅63cm：作り方P.6)を使用しています。型紙を400%(200%を2回、拡大コピーする)に拡大すると、ちょうどよい大きさになります。絵人形からはみ出す、竹ぐし(割りばし)の長さは9cmにするとよいでしょう。そのほかの長さのものは、各ページに記入しています。演じる場面に合わせて、型紙の拡大率や竹ぐしの長さを調整してご使用ください。

第2章 P.25　7 こどもの日 「かぶと」ってなあに？

※クマ先生、ウサギくん、ウサギちゃんは、P.65に掲載（ほかのキャラでもOK）。

▶かぶと

かぶとの折り方

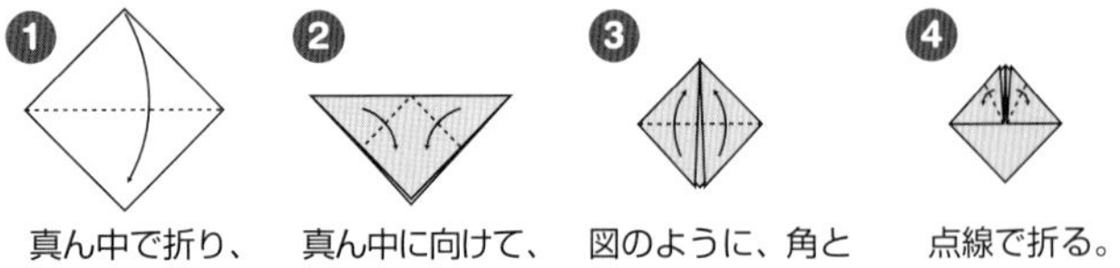

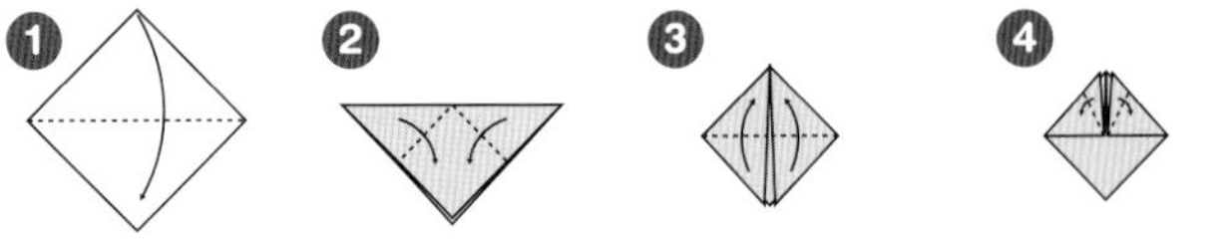

1 真ん中で折り、三角にする。
2 真ん中に向けて、点線で折る。
3 図のように、角と角を合わせて折る。
4 点線で折る。

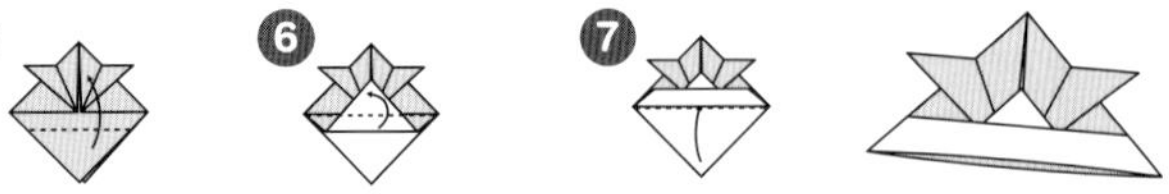

5 1枚目だけ点線で折る。
6 さらに1枚目だけ点線で折る。
7 2枚目を点線で中に折り込む。
できあがり

※折り紙のかぶとをそれぞれのキャラクターの頭にはる場合は、かぶとの裏面にセロハンテープを輪にしたものをはり付けておいて、はりましょう。

第2章 P.26~27　8 虫歯予防デー きれいに歯をみがこう！

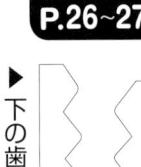

▶下の歯　◀上の歯

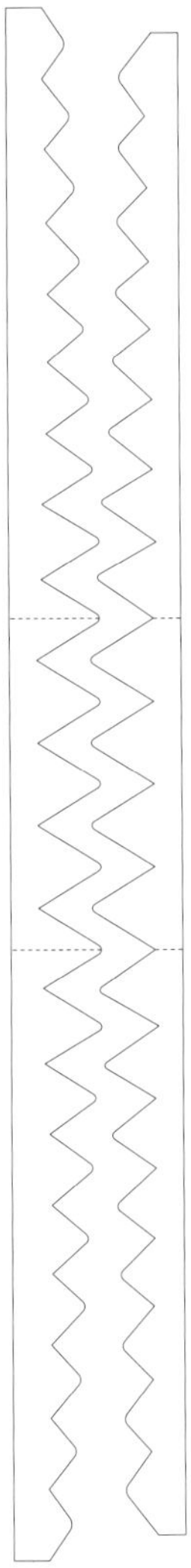

◀▼ワニくん

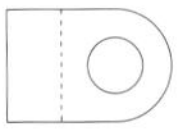

▲鼻×2

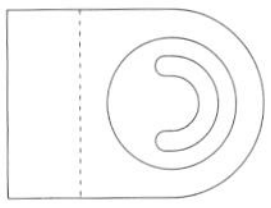

▲目×2

▲バイキンくん

▲舌

ワニくんの作り方

ティッシュペーパーの箱2個でかんたんに作れるワニくんです。

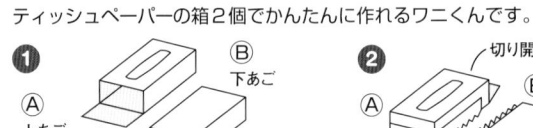

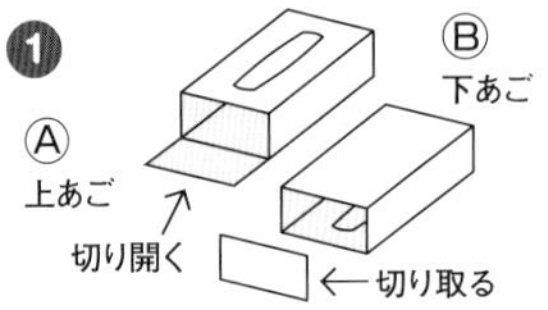
Ⓐ
上あご
Ⓑ
下あご
切り開く
切り取る

1 ティッシュペーパーの箱の側面（一方のみ）を、それぞれ図のように切る。

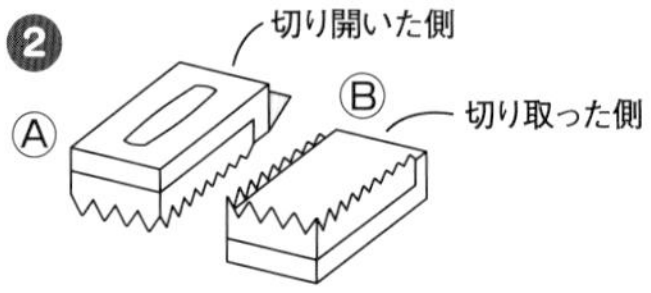
切り開いた側
Ⓐ
Ⓑ
切り取った側

2 1で側面を切っていない側を前にして画用紙で作った歯をはり付ける。

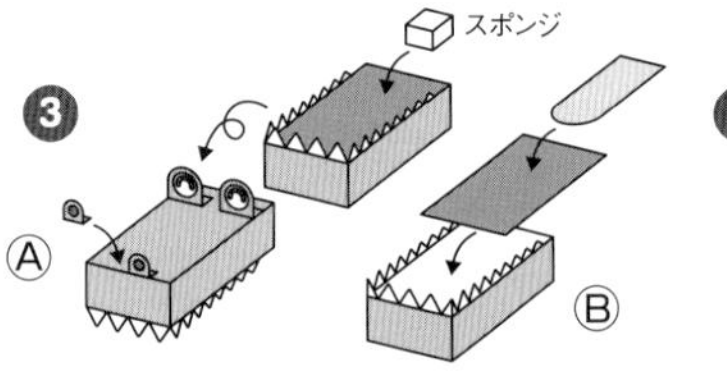
スポンジ
Ⓐ
Ⓑ

3 口の中、顔の周りに色画用紙をはり付ける。Ⓐの口の中には小さく切ったスポンジをはり、裏返して目と鼻をはり付ける。

4 ⒶとⒷを重ね、Ⓐの切り開いた部分をⒷに折り込み、しっかりはり付ける。それぞれ取っ手を付ける。

▶歯ブラシくん〈表〉

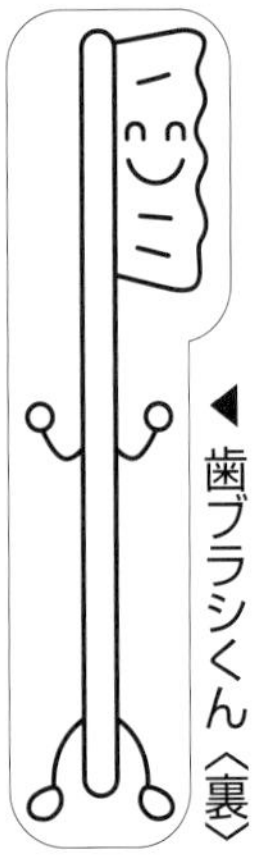

◀歯ブラシくん〈裏〉

第2章 P.28　9 虫歯予防デー 歯の役割

※ネズミちゃんは、P.65に掲載。
※歯ブラシくんは、左に掲載。
※A、B、Cの表面は3つとも同じものをはってください。

▶歯が痛い〈表〉×3

▶歯が痛いA〈裏〉

▶歯が痛いB〈裏〉

▶歯が痛いC〈裏〉

● 本書では、かんたん舞台（高さ9㎝×幅63㎝：作り方P.6）を使用しています。型紙を400%（200%を2回、拡大コピーする）に拡大すると、ちょうどよい大きさになります。絵人形からはみ出す、竹ぐし（割りばし）の長さは9㎝にするとよいでしょう。そのほかの長さのものは、各ページに記入しています。演じる場面に合わせて、型紙の拡大率や竹ぐしの長さを調整してご使用ください。

第2章 P.29 10 時の記念日 時計の誕生日

※クマ先生、ウサギちゃんは、P.65に掲載（ほかのキャラでもOK）。

時計の作り方

段ボール、色画用紙、割りピンで作る、針が動く時計です。

❶

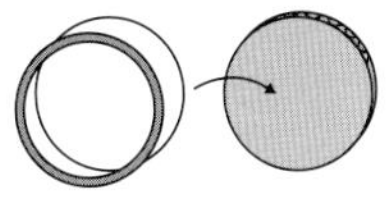

色画用紙で文字盤と枠用の丸を切り、丸く切った段ボールに重ねてのりではる。

❷

段ボールは縦目にして使う。

色画用紙で数字と短針、長針を作り、数字はのりではる。

❸

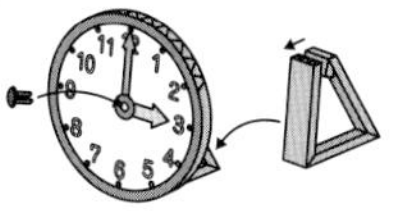

短針と長針を重ねて中央に目打ちなどで穴をあけ、割りピンを差す。裏側に段ボールを折り曲げたものを支えとしてはって、固定する。

※短針と長針を動かす時は、千切れないように注意してください。

123456789101112

第2章 P.30~31 11 七夕 織り姫と彦星のお話

▼ 織り姫〈表〉 〈裏〉

▼ 彦星〈表〉 〈裏〉

天の川の作り方

色画用紙を右の大きさに切り、修正液や白絵の具などで、天の川を描く。上端をかんたん舞台にはり付け、後ろ側に折っておく。

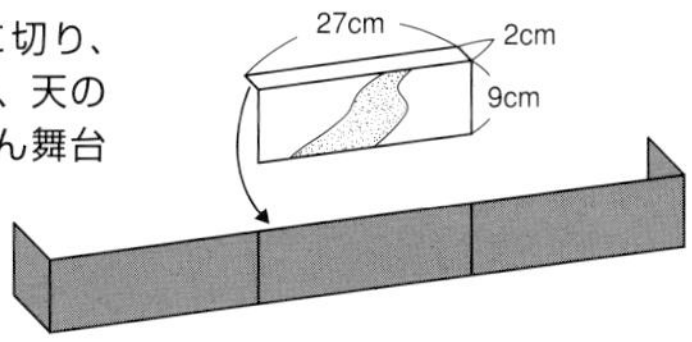
27cm
2cm
9cm

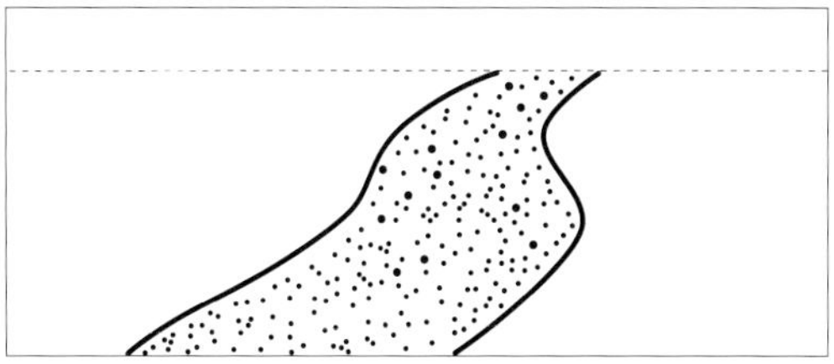

▲ 天の川

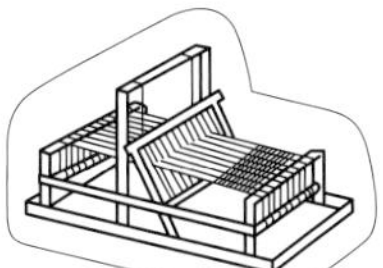

◀ はた織り機

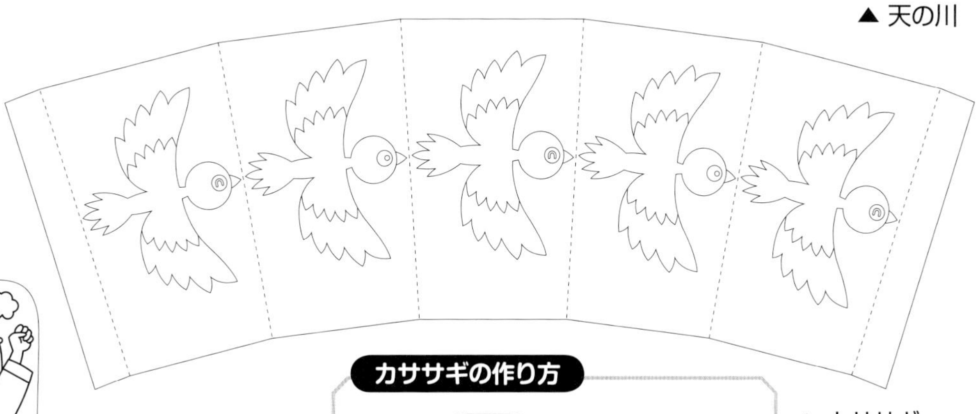

▼ 夜空の王さま

〈表〉 〈裏〉

▶ ウシ

カササギの作り方

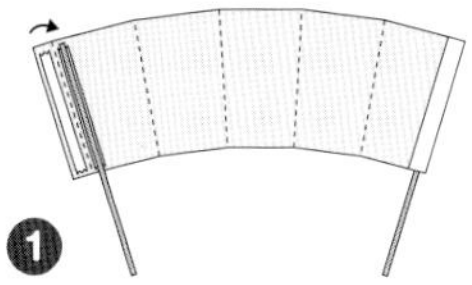

❶ 裏面の両端に竹ぐし（割りばし）を両面テープではる。

❷ ジャバラ折りにして畳む。

▲ カササギ

※カササギの竹ぐし（割りばし）は、型紙から12㎝出す。

● 本書では、かんたん舞台（高さ9㎝×幅63㎝：作り方P.6）を使用しています。型紙を400％（200％を2回、拡大コピーする）に拡大すると、ちょうどよい大きさになります。絵人形からはみ出す、竹ぐし（割りばし）の長さは9㎝にするとよいでしょう。そのほかの長さのものは、各ページに記入しています。演じる場面に合わせて、型紙の拡大率や竹ぐしの長さを調整してご使用ください。

第2章
P.32~33

⑫ プール遊び
楽しいプールのお約束

※クマ先生、ウサギくんは、P.65に掲載（ほかのキャラでもOK）。
※お約束カードの竹ぐし（割りばし）は、型紙から14㎝出す。

▶ ダメカード

〈表〉

〈裏〉

▼ お約束カード

▼ プール

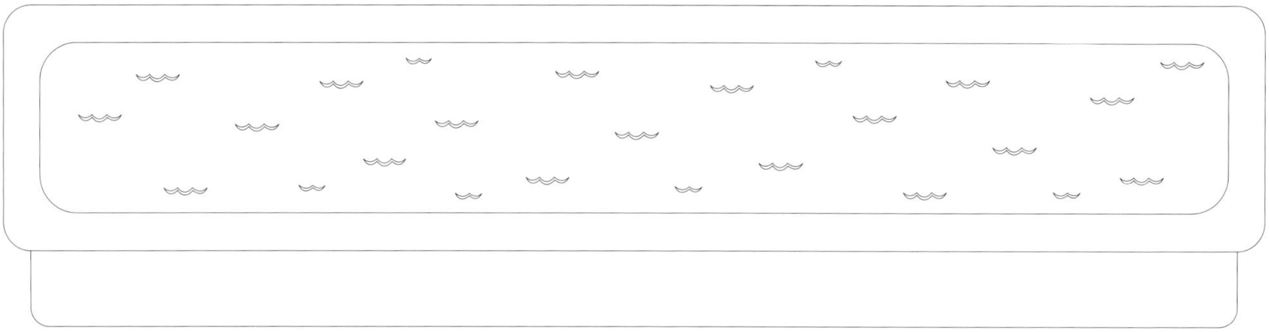

プールの作り方

牛乳パックの土台にP.6のかんたん舞台を重ね、プールをはり付けます。

❶ 牛乳パック（1000㎖）2本の底面をはり合わせた台の上に、かんたん舞台を乗せてしっかり固定する。

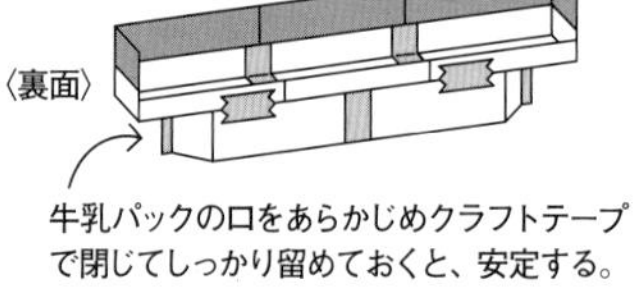
〈裏面〉
牛乳パックの口をあらかじめクラフトテープ
で閉じてしっかり留めておくと、安定する。

❷ 色画用紙で作った舞台を両面テープではる。

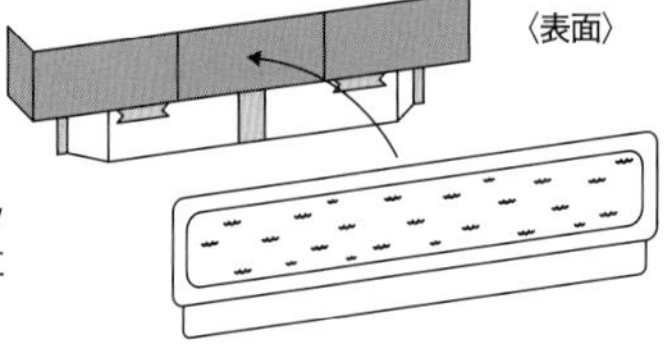
〈表面〉

※２段になるので、演じる時は牛乳パックの下段をクラフトテープなどで机にしっかりはって固定しましょう。

お約束カードの作り方

❶ 裏面の両端に竹ぐし（割りばし）を両面テープではる。

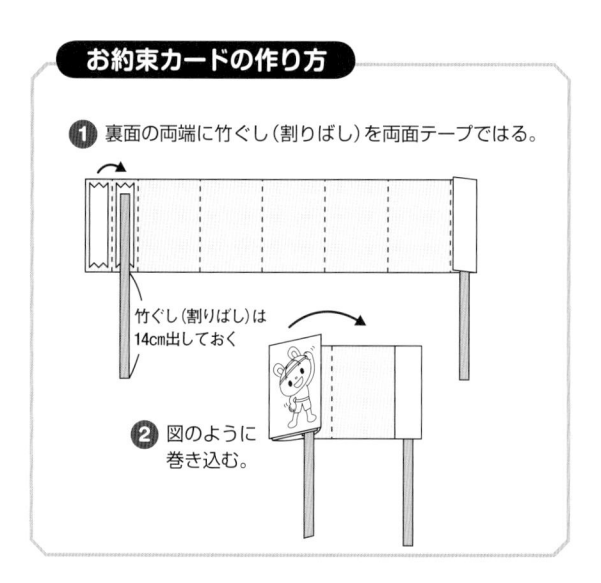

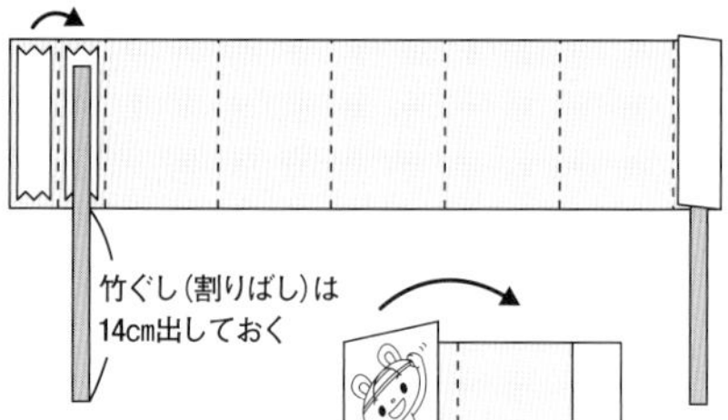
竹ぐし（割りばし）は
14㎝出しておく

❷ 図のように巻き込む。

● 本書では、かんたん舞台（高さ9㎝×幅63㎝：作り方P.6）を使用しています。型紙を400％（200％を2回、拡大コピーする）に拡大すると、ちょうどよい大きさになります。絵人形からはみ出す、竹ぐし（割りばし）の長さは9㎝にするとよいでしょう。そのほかの長さのものは、各ページに記入しています。演じる場面に合わせて、型紙の拡大率や竹ぐしの長さを調整してご使用ください。

13 夏
夏のお約束クイズ

※クマ先生は、P.65に掲載。

▼ 早寝・早起き〈表〉

▼ 朝ごはん〈表〉

▼ 熱中症〈表〉

▼ 早寝・早起き〈裏〉

▼ 朝ごはん〈裏〉

▼ 熱中症〈裏〉

▼ 交通安全〈表〉

▼ 交通安全〈裏〉

● 本書では、かんたん舞台（高さ9㎝×幅63㎝：作り方P.6）を使用しています。型紙を400%（200%を2回、拡大コピーする）に拡大すると、ちょうどよい大きさになります。絵人形からはみ出す、竹ぐし（割りばし）の長さは9㎝にするとよいでしょう。そのほかの長さのものは、各ページに記入しています。演じる場面に合わせて、型紙の拡大率や竹ぐしの長さを調整してご使用ください。

第2章 P.36~37 14 十五夜 お月見をしよう

※ウサギちゃんは、P.65に掲載。

いろいろな月の作り方

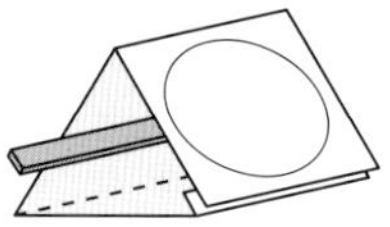

満月の裏面に竹ぐし（割りばし）をはり、折り線に沿って、三角形にし、のりで留める。

※竹ぐし（割りばし）は14cm出す。

▼ ウサギちゃんのお母さん

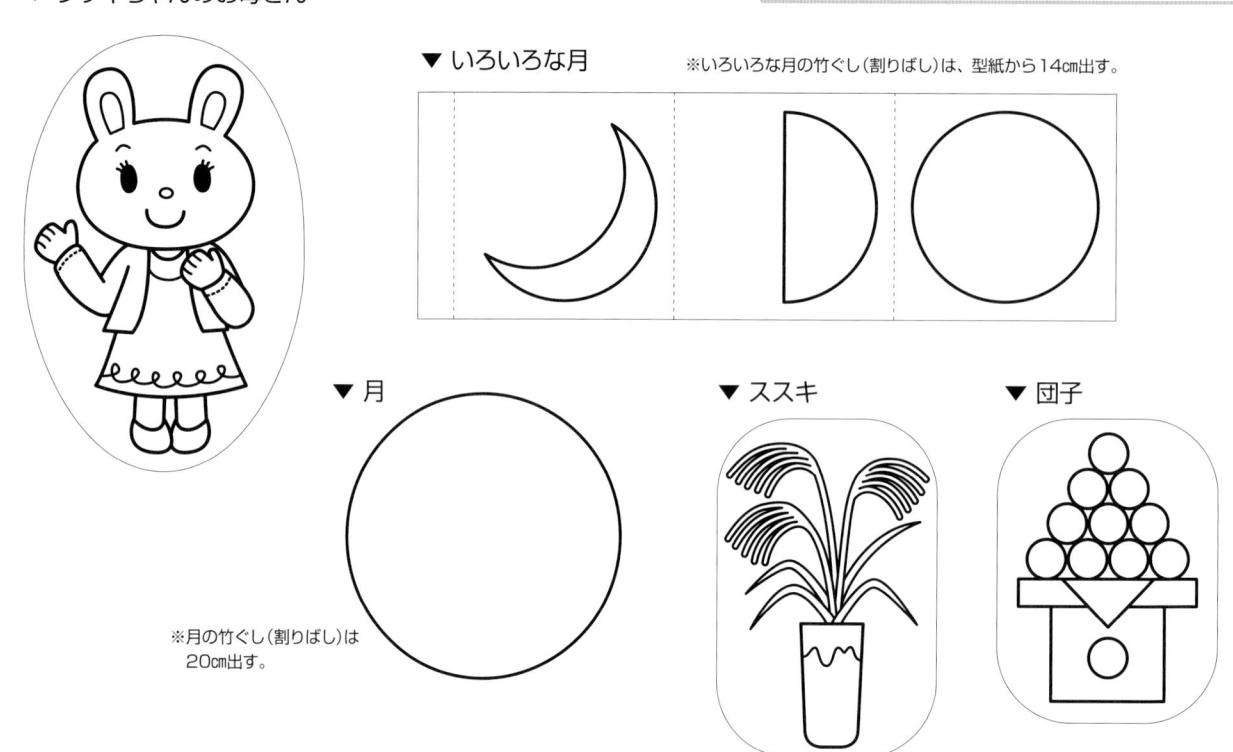

▼ いろいろな月

※いろいろな月の竹ぐし（割りばし）は、型紙から14cm出す。

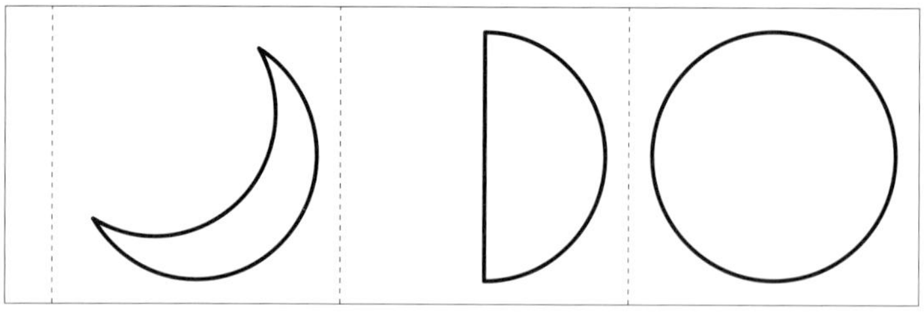

▼ 月

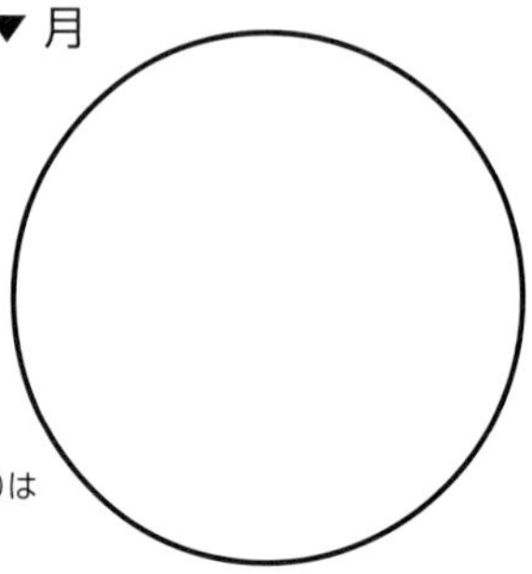

※月の竹ぐし（割りばし）は
20cm出す。

▼ ススキ

▼ 団子

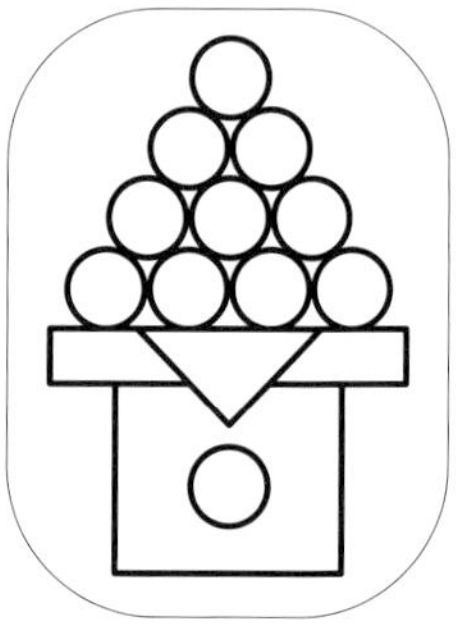

第2章 P.38~39 15 ハロウィン ハッピーハロウィン

※クマ先生は、P.65に掲載。※家は、P.65、チョコレートは、P.66に掲載。

▼ ウサギちゃん〈裏〉

※表面はP.65のウサギちゃんを
はってください。

▼ イヌくん〈裏〉

※表面はP.65のイヌくんを
はってください。

▼ おばけ

▼ カボチャ

▼ 帽子

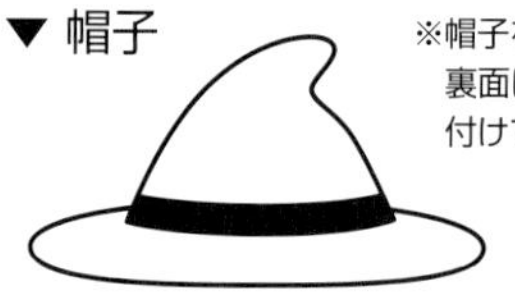

※帽子をクマ先生にはるときは、
裏面にセロハンテープを輪にしたものを
付けておきましょう。

● 本書では、かんたん舞台（高さ9cm×幅63cm：作り方P.6）を使用しています。型紙を400%（200%を2回、拡大コピーする）に拡大すると、ちょうどよい大きさになります。絵人形からはみ出す、竹ぐし（割りばし）の長さは9cmにするとよいでしょう。そのほかの長さのものは、各ページに記入しています。演じる場面に合わせて、型紙の拡大率や竹ぐしの長さを調整してご使用ください。

第2章
P.40~41

16 クリスマス うれしい楽しいクリスマス

※クマ先生、ウサギくん、イヌちゃんは、P.65に掲載（ほかのキャラでもOK）。

▼ツリー

◀プレゼント

サンタ&トナカイの作り方

1 裏面の両端に竹ぐし（割りばし）を両面テープではる。

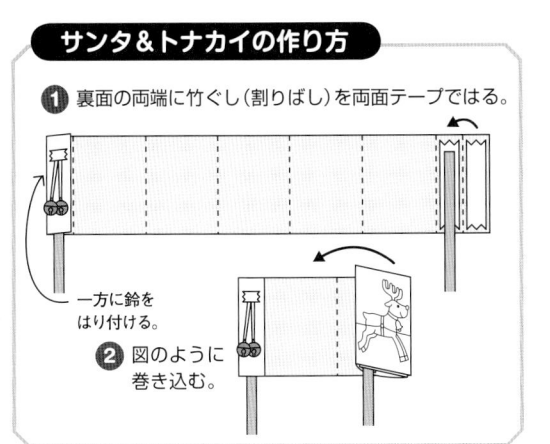

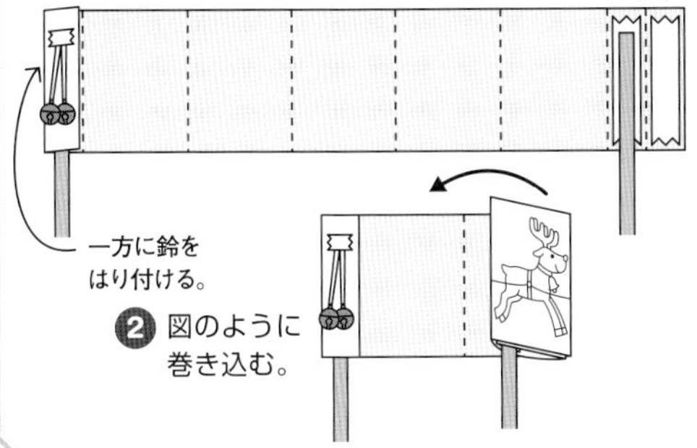

2 図のように巻き込む。

▼サンタ&トナカイ

第2章
P.42~43

17 お正月 おせち料理の意味は？

※クマ先生、イヌくんは、P.65に掲載（ほかのキャラでもOK）。
※黒豆、レンコン、こんぶ巻き、エビの竹ぐし（割りばし）は型紙から14㎝出す。

◀こんぶ巻き

◀エビ

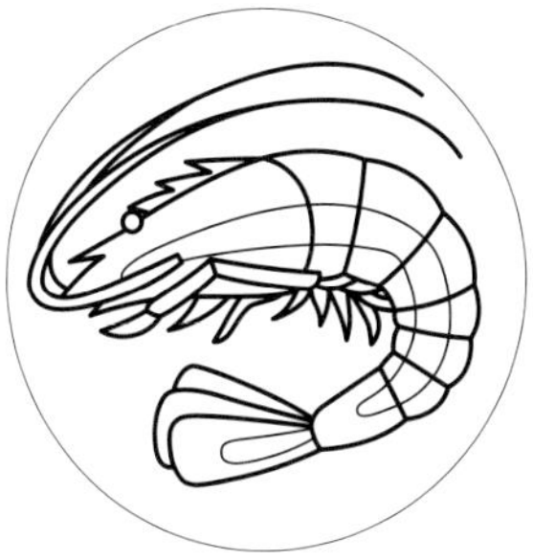

▼黒豆

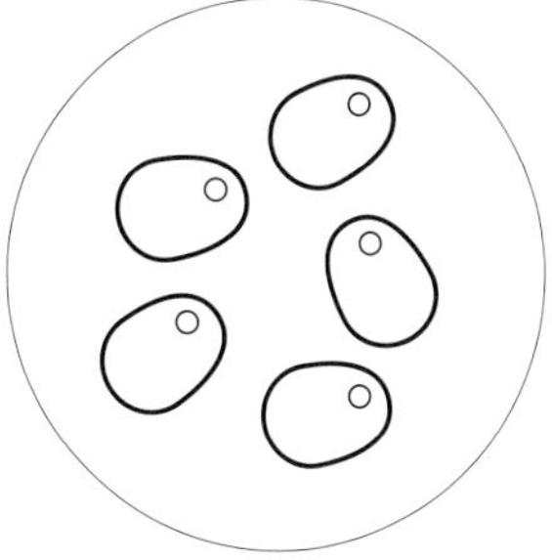

▼レンコン

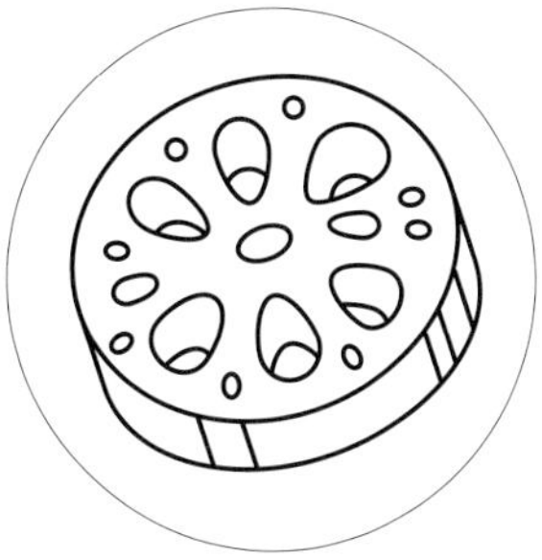

▼おせち料理（重箱《じゅうばこ》）〈表〉

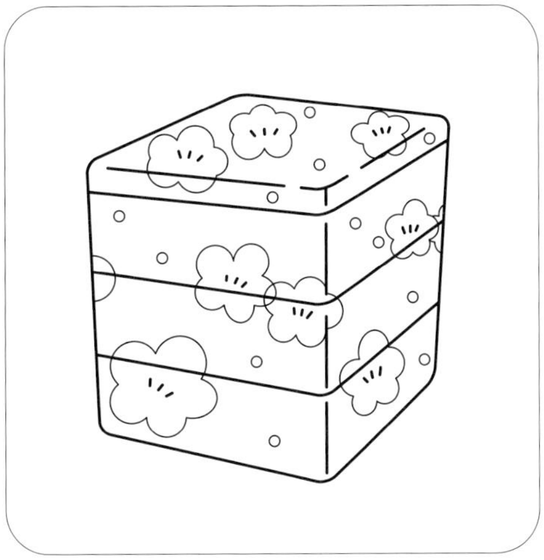

▼おせち料理（重箱《じゅうばこ》）〈裏〉

● 本書では、かんたん舞台（高さ9㎝×幅63㎝：作り方P.6）を使用しています。型紙を400％（200％を2回、拡大コピーする）に拡大すると、ちょうどよい大きさになります。絵人形からはみ出す、竹ぐし（割りばし）の長さは9㎝にするとよいでしょう。そのほかの長さのものは、各ページに記入しています。演じる場面に合わせて、型紙の拡大率や竹ぐしの長さを調整してご使用ください。

第2章 P.44~45　18 お正月 十二支のお話

※十二支カードの作り方はP.72の「お約束カードの作り方」と同じです。
12面あるので薄めの紙を使うほうが扱いやすいです。

▲十二支カード

◀ネコ〈表〉

◀ネコ〈裏〉

◀ネズミ〈表〉

◀ネズミ〈裏〉

▶ 年神さまの家

▼ ウシ

▼ 年神さま

第2章 P.46~47　19 節分 「鬼は外、福は内」ってなあに？

※クマ先生、ウサギちゃんは、P.65に掲載（ほかのキャラでもOK）。
※豆はP.67に掲載。

◀鬼

◀福の神

第2章 P.48~49　20 節分 豆まきの豆のひみつ

※クマ先生は、P.65に掲載。※豆はP.67に掲載。

▼ ウサギちゃん

※表面はP.65のウサギちゃんをはってください。

▼ イヌくん

※表面はP.65のイヌくんをはってください。

● 本書では、かんたん舞台（高さ9㎝×幅63㎝：作り方P.6）を使用しています。型紙を400％（200％を2回、拡大コピーする）に拡大すると、ちょうどよい大きさになります。絵人形からはみ出す、竹ぐし（割りばし）の長さは9㎝にするとよいでしょう。そのほかの長さのものは、各ページに記入しています。演じる場面に合わせて、型紙の拡大率や竹ぐしの長さを調整してご使用ください。

第2章 P.50~51

21 ひな祭り ひな祭りってなあに?

※ウサギちゃんは、P.65に掲載。

ひな壇と流しびなのはり合わせ方

P.68のひな壇の裏面に流しびなの上端をはり付ける。

▲ クマ先生〈裏〉

※表面はP.65のクマ先生をはってください。

▶ 流しびな

※表面はP.68のひな壇をはってください。

第2章 P.52~53

22 ひな祭り ひしもちの色のひみつ

※クマ先生、ウサギちゃんは、P.65に掲載(ほかのキャラでもOK)。
※ひしもち&ひなあられ、ひしもちの色の竹ぐし(割りばし)は、型紙から14㎝出す。

〈表〉

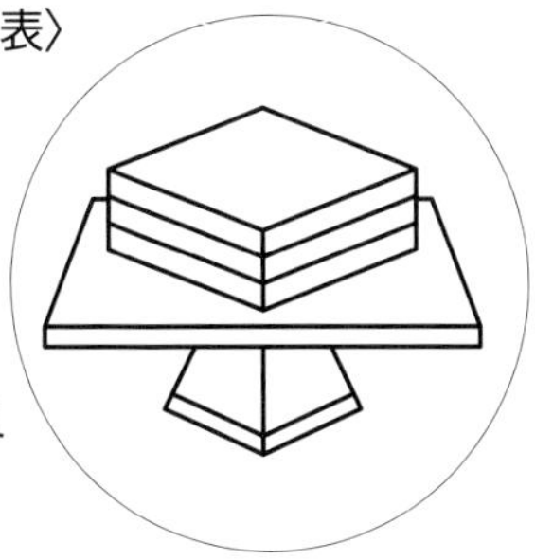

〈裏〉

▶ ひしもち&ひなあられ

▼ ひしもちの色〈表〉×3

※ピンク、白、緑に塗ってください。

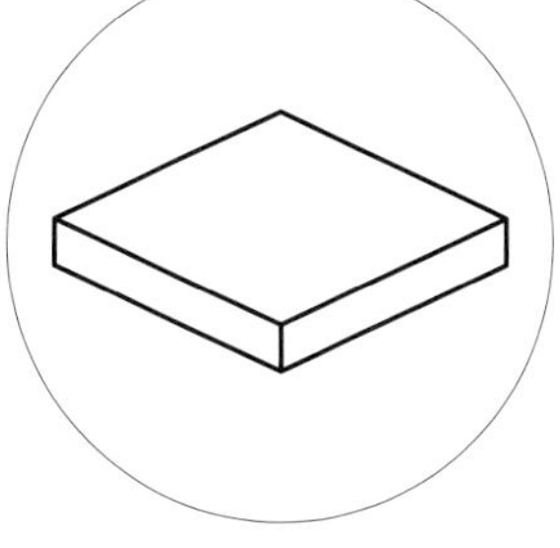

▼ ひしもちの色〈裏〉

ピンクの〈裏〉

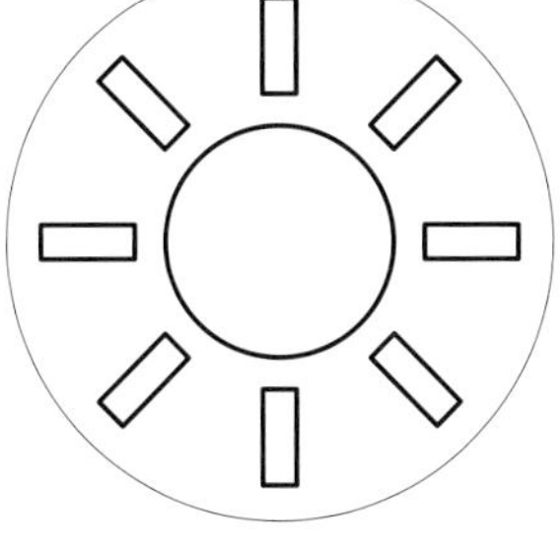

白の〈裏〉

緑の〈裏〉

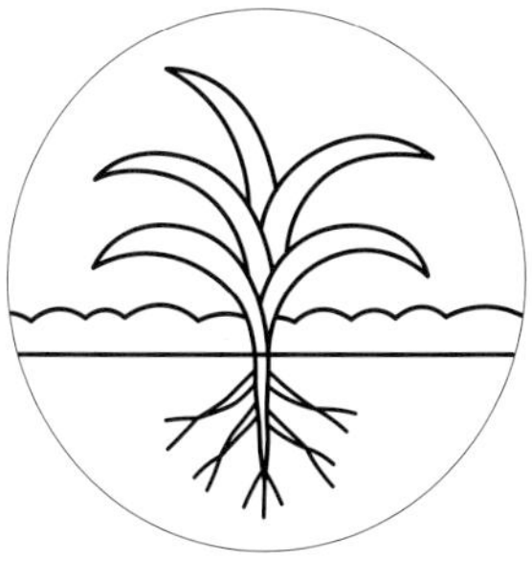

● 本書では、かんたん舞台(高さ9㎝×幅63㎝:作り方P.6)を使用しています。型紙を400%(200%を2回、拡大コピーする)に拡大すると、ちょうどよい大きさになります。絵人形からはみ出す、竹ぐし(割りばし)の長さは9㎝にするとよいでしょう。そのほかの長さのものは、各ページに記入しています。演じる場面に合わせて、型紙の拡大率や竹ぐしの長さを調整してご使用ください。

第3章 P.54~55 ① あいさつ 「かして」「ありがとう」

※クマ先生は、P.65に掲載。
※ネズミくんは、P.65の表面とP.68の第2章❷の裏面を
はり合わせてください。

▼ ウサギくん

※表面はP.65のウサギくんを
はってください。

▼ イヌちゃん

※表面はP.65のイヌちゃんを
はってください。

第3章 P.56 ② はじめての身体計測 身長、体重、元気な体！

※クマ先生、ネズミちゃんは、P.65に掲載。

◀ イヌくん〈表〉

◀ イヌくん〈裏〉

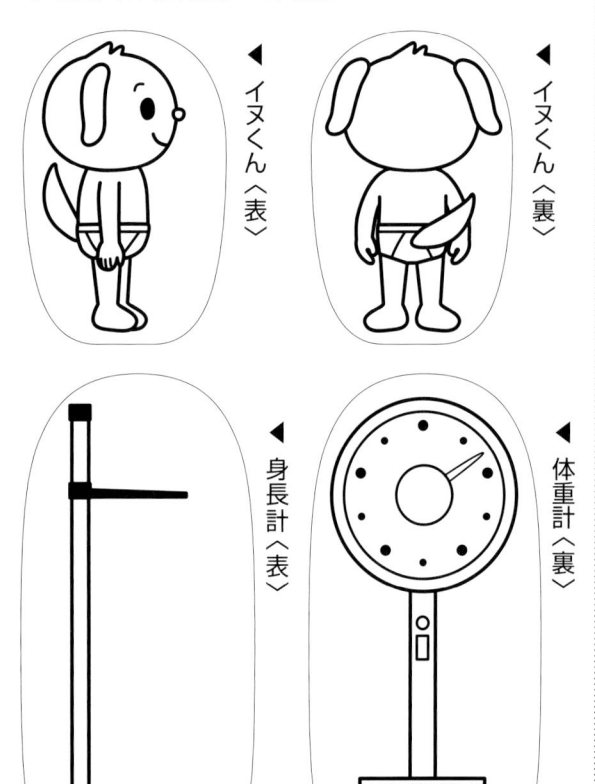

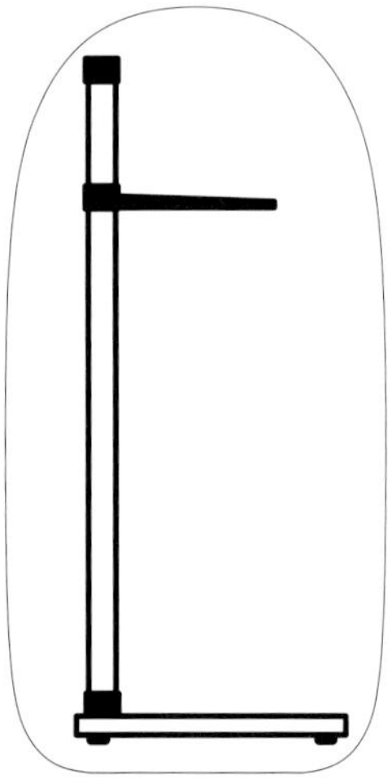

◀ 身長計〈表〉

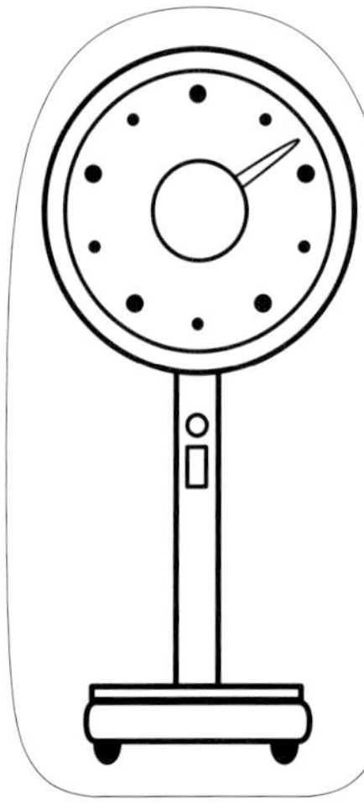

◀ 体重計〈裏〉

第3章 P.57 ③ はじめての健康診断 目、耳、鼻、健康な体！

※クマ先生は、P.65に掲載。

▼ ウサギちゃん〈表〉

▼ ウサギちゃん〈裏〉

▲ 目のお医者さん

▲ 耳・鼻のお医者さん

第3章 P.58~59 ④ 避難訓練の基本 「お・は・し」のお約束

※クマ先生、ネズミちゃん、イヌちゃんは、P.65に掲載。
※「お・は・し」カードの作り方はP.72の「お約束カードの作り方」と同じです。
※「お・は・し」カードの竹ぐし（割りばし）は、型紙から14㎝出す。

▲「お・は・し」カード

● 本書では、かんたん舞台（高さ9㎝×幅63㎝：作り方P.6）を使用しています。型紙を400%（200%を2回、拡大コピーする）に拡大すると、ちょうどよい大きさになります。絵人形からはみ出す、竹ぐし（割りばし）の長さは9㎝にするとよいでしょう。そのほかの長さのものは、各ページに記入しています。演じる場面に合わせて、型紙の拡大率や竹ぐしの長さを調整してご使用ください。

第3章 P.60~61

5 食べ物のお話（食育）
バランスよく食べよう！ 3つの色のお皿大変身！

※赤いお皿、黄色いお皿、緑色のお皿、四角い入れ物、丸いお皿の竹ぐし（割りばし）は、型紙から14㎝出す。

※クマ先生は、P.65に掲載。

▼ 赤いお皿
〈表〉

〈裏〉

▼ 黄色いお皿
〈表〉

〈裏〉

▼ 緑色のお皿
〈表〉

〈裏〉

▼ 四角い入れ物

▼ 丸いお皿

第3章 P.62~63

6 生活習慣
手洗い

※クマ先生は、P.65に掲載。

▼ ネズミくん

※表面はP.65のネズミくんをはってください。

▼ おなか痛いカード
〈表〉

▼ かぜ引きカード
〈裏〉

▼ バイ菌〈表〉

▼ 泡〈裏〉

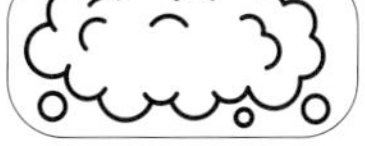

※バイ菌と泡の竹ぐし（割りばし）は、型紙から14㎝出す。

◀ 魔法の虫めがね
※中央を切り抜きカラーセロファンを裏からはる。

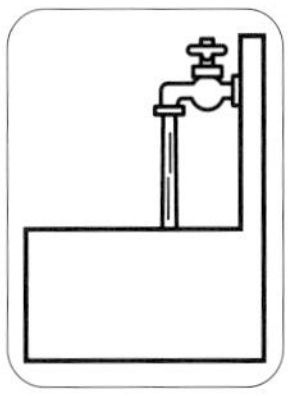

▶ 水道

第3章 P.64

7 生活習慣
ブクブクうがいとガラガラうがい

※ウサギちゃん、イヌちゃん、ネズミちゃんは、P.65に掲載。

▲ ブクブクうがい
〈表〉

▼ ブクブクうがい
〈裏〉

▲ ガラガラうがい

◀ コップ
〈表〉

〈裏〉

● 本書では、かんたん舞台（高さ9㎝×幅63㎝：作り方P.6）を使用しています。型紙を400%（200%を2回、拡大コピーする）に拡大すると、ちょうどよい大きさになります。絵人形からはみ出す、竹ぐし（割りばし）の長さは9㎝にするとよいでしょう。そのほかの長さのものは、各ページに記入しています。演じる場面に合わせて、型紙の拡大率や竹ぐしの長さを調整してください。

編著／永井　裕美(ながい　ひろみ)

保育士・幼稚園教諭として勤務。
『月刊 保育とカリキュラム』2009年4月号（ひかりのくに・刊）より、毎月のおたよりイラスト&文例ページにおいて、文例・イラスト案を担当。2児の母でもある。

協力／堤谷　孝人(つつみたに　たかひと)

保育ライター。保護者向けの教育雑誌等で取材記事執筆、保育者向けの保育雑誌等で編集執筆、子ども向けにも単行本等で「辞典系」「年中行事」「食育」ほかのテーマで執筆などに携わる。

※本書は、『月刊 保育とカリキュラム』2012年2月号別冊附録を単行本化したものです。

STAFF
●本文デザイン／フレーズ
●絵人形イラスト・製作／
むかいえり・小山ゆうこ・すみもとななみ・降矢和子
●型紙製作／坂川由美香
●撮影協力（50音順）／
佐藤真子・志村 栞・橘あいこ・玉山智恵
●写真撮影／大畑俊男
●楽譜浄書／（株）クラフトーン
●編集協力／（株）童夢
●企画・編集／長田亜里沙・安藤憲志
●校正／堀田浩之

保カリBOOKS⑳

季節の行事　ふだんの保育　いつでも使えるネタがいっぱい！

年中行事のペープサートシアター

2012年10月　初版発行
2021年 4月　第14版発行

編著者　永井裕美
発行人　岡本 功
発行所　ひかりのくに株式会社
〒543-0001　大阪市天王寺区上本町3-2-14
TEL06-6768-1155　郵便振替00920-2-118855
〒175-0082　東京都板橋区高島平6-1-1
TEL03-3979-3112　郵便振替00150-0-30666
ホームページアドレス　https://www.hikarinokuni.co.jp
印刷所　大日本印刷株式会社

JASRAC 出1211453-114

Printed in Japan
ISBN978-4-564-60814-8
NDC376　80P　26×21cm